D1690572

Zündende Rezeptideen für den Gasherd

Zündende Rezeptideen für den Gasherd

Energie-Verlag Heidelberg

ISBN 3-87200-699-1
Erste Auflage, 1997
© Energie-Verlag GmbH, Heidelberg
Redaktion: Marion Janz

Fotos: Ruhrgas Aktiengesellschaft, Essen
(Titel), Christian Teubner
Layout: Reinhard Janz
Quelle: »Rund um den Gasherd«,
RWE Energie Aktiengesellschaft,
Anwendungstechnik, Essen, 1997

Inhalt

- 7 Kochen mit Gas – umweltschonend und zeitgemäß
- 8 Bauformen von Gasherden
- 9 Die Gas-Kochmulde
- 10 Die Regelung der offenen Kochstellenbrenner
- 11 Das Gas-Kochfeld
- 12 Tips zur energiesparenden Nutzung des Gas-Kochfelds
- 13 Einstellbereiche von Gas-Kochzonen
- 14 Der Gas-Backofen mit konventioneller Beheizung
- 14 Einstellbereiche für den konventionellen Gas-Backofen
- 15 Der Gas-Backofen mit Umluft

Rezepte

- 16 Suppen und Eintöpfe
- 32 Vorspeisen
- 44 Salate
- 52 Fleischgerichte
- 78 Fischgerichte
- 92 Gemüsegerichte
- 108 Kleine Gerichte und Beilagen
- 118 Aufläufe
- 128 Süßspeisen und Desserts
- 142 Süßes und pikantes Gebäck

- 156 Rezepte von A bis Z

Kochen mit Gas – umweltschonend und zeitgemäß

Wird für die Heizung und Warmwasserbereitung Erdgas genutzt, bietet es sich an, die schadstoffarme Primärenergie auch vorteilhaft zum Kochen einzusetzen.

Die sichtbare Gasflamme ist sehr genau stufenlos regelbar und paßt sich jedem Kochgeschirr an. Liegen die Kochstellenbrenner jedoch unter einer Glaskeramik, sind geeignete Töpfe und Pfannen zu verwenden. Die Beachtung nachfolgender Tips trägt zum Energiesparen bei.

Beim Gas-Backofen bieten unterschiedliche Beheizungsarten vielseitige Einsatzmöglichkeiten. Wenn nicht anders angegeben, beziehen sich die Brat- und Backzeiten auf den kalten Backofen. Das spart Energie. Die Tabelle mit den Einstellbereichen erleichtert die Wahl der richtigen Temperatur oder Kennziffer.

Es gibt eine große Vielfalt an Gas-Kochgeräten, die aufgrund unterschiedlicher Bauformen in jede Küche passen. Gasherde sind komfortabel ausgestattet, einfach zu bedienen und sicher in der Anwendung.

Wir wünschen Ihnen viel Freude mit diesem Kochbuch.

Bauformen von Gasherden

Gasherde werden als Standherd, Unterbauherd oder Einbauherd angeboten. Es gibt auch separate Einbau-Kochmulden oder Einbau-Kochfelder, die meist mit einem Einbau-Backofen kombiniert sind.

Der Standherd kann in der Küche frei aufgestellt beziehungsweise an andere Geräte oder Möbel angestellt werden.

Der Unterbauherd besteht aus Bedienblende, Backofen, Gerätewagen und Sockel. Er paßt unter eine durchgehende Arbeitsplatte, in die eine entsprechende Einbau-Kochmulde oder ein Einbau-Kochfeld gesetzt wird.

Beim Einbauherd werden Backofen und Bedienblende in einen dafür vorgesehenen Umbauschrank gesetzt. Die Einbau-Kochmulde oder das Einbau-Kochfeld sind hier ebenfalls in die Arbeitsplatte eingelassen.

Separate Einbau-Kochmulden und Einbau-Kochfelder werden in eine Arbeitsplatte eingelassen. Je nach Fabrikat sind sie mit einem in der Küchenfrontblende eingebauten Schaltelement kombiniert, oder die Bedienblende ist in der Kochmulde oder dem Kochfeld integriert.

Der Einbau-Backofen wird in einen Hochschrank gesetzt. Hier sind das Kochfeld und der entsprechende Schaltkasten separat eingebaut.

Die Gas-Kochmulde

Die Gas-Kochmulde ist je nach Fabrikat mit einem bis zu sechs offenen Kochstellenbrennern ausgestattet. Die niedrigsten Leistungen haben die kleinen Hilfs- und Sparbrenner. Sie sind für kleines Kochgeschirr mit einem empfohlenen Durchmesser von 16 cm geeignet. Die Hilfs- und Sparbrenner dienen zum Garen kleiner Mengen sowie zum Warmhalten. Werden vorwiegend diese Gartätigkeiten ausgeführt, ist es praktisch, wenn der Sparbrenner vorn angeordnet ist.

Normalbrenner haben eine mittlere Leistung. Sie sollten für größeres Kochgeschirr mit einem empfohlenen Durchmesser von 22 cm genutzt werden.

Für sehr große Töpfe und Pfannen, der empfohlene Durchmesser liegt hier bei 28 cm, ist der Starkbrenner vorgesehen. Er bietet die höchste Leistung und ist zum Garen großer Mengen geeignet.

Für das Garen auf offenen Kochstellenbrennern lassen sich grundsätzlich alle Töpfe und Pfannen verwenden. Es ist jedoch empfehlenswert, Topf- und Brennerdurchmesser aufeinander abzustimmen. Der Bodendurchmesser des Topfes muß groß genug sein, damit die Flammen nicht über den Topfrand hinausragen. Dies verhindert die Beschädigung der Griffe und vermeidet Energieverluste.

Die Regelung der offenen Kochstellenbrenner

Nach dem Zünden ist die Flamme sofort sichtbar. Sie gibt unmittelbar die volle Leistung ab und gewährleistet dadurch das schnelle Anbraten oder Ankochen.

Die Flamme ist schnell und stufenlos durch einfaches Drehen des Schalterknebels regelbar. Zum Ankochen und Anbraten wird mit dem Symbol der großen Flamme am Schalterknebel die höchste Einstellung gewählt. Für das Fortkochen oder Fortbraten ist auf eine niedrigere Einstellung – kleine oder mittlere Flamme – zurückzuschalten. Wird die Gaszufuhr nach einem Garvorgang geschlossen, ist die Energiezufuhr sofort unterbrochen. Ein Nachheizen der Kochstelle entfällt somit.

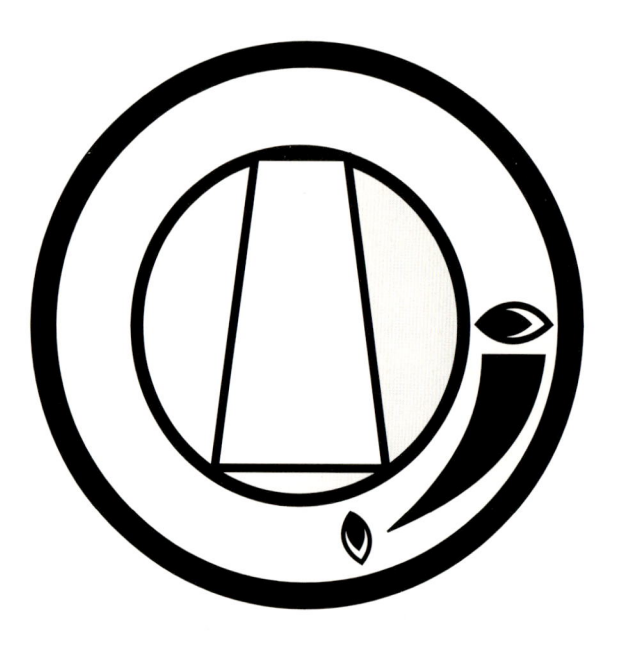

Schalterknebel für offene Kochstellenbrenner

Das Gas-Kochfeld

Das Gas-Kochfeld besteht aus einer Glaskeramikplatte, auf der die einzelnen Kochzonen markiert sind. Glaskeramik ist temperaturwechselbeständig sowie stoß- und kratzfest. Auf der Rückseite des Kochfelds befinden sich Abluftöffnungen für die Abgasführung.

Zwei oder drei Infrarot-Strahlungsbrenner, die elektronisch gezündet und gesteuert werden, geben ihre Strahlungswärme an die darüberliegenden Kochzonen ab. Die heißen Abgase der Strahlungsbrenner werden in den hinteren Teil des Kochfelds geleitet, wo sie eine oder zwei Fortkoch- oder Warmhaltezonen beheizen, sofern die entsprechende Kochzone in Betrieb ist.

Zum Ankochen oder Anbraten wird die höchste Einstellung gewählt, zum Fortgaren auf eine niedrigere zurückgeschaltet. Ein Temperaturbegrenzer sorgt durch Abschalten der Brenner dafür, daß die Glaskeramikplatte nicht überhitzt werden kann.

Für das Glaskeramik-Kochfeld ist Kochgeschirr ideal, bei dem der Boden im kalten Zustand leicht nach innen gewölbt ist. Wird der Topf erwärmt, dehnt sich der Boden zur Kochzone hin aus. Er hat somit eine optimale Auflage zur Kochzone, wodurch eine schnelle Wärmeübertragung gewährleistet ist.

Tips zur energiesparenden Nutzung des Gas-Kochfelds

Nach dem Ankochen auf höchster Leistung rechtzeitig auf eine niedrige Einstellung zum Fortkochen umschalten.

Wenn mehrere Speisen mit unterschiedlichen Garzeiten zubereitet werden sollen, beginnt man mit dem Gericht, das die längste Garzeit hat. Für das Anbraten oder Ankochen die höchste Einstellung wählen. Zum Fortkochen reicht eine niedrigere Einstellung aus. Daher kann das angegarte Gericht auf der Fortkochzone weitergaren, während die beheizte Kochzone für die nächste Speisenzubereitung eingesetzt wird.

Wo dies sinnvoll ist, die Fortkoch- beziehungsweise Warmhaltezonen mitverwenden.

Bei der Kochzone läßt sich die Speicherwärme nutzen, indem sie 5 Minuten vor Ende der Garzeit ausgeschaltet wird.

Einstellbereiche für Gas-Kochzonen

Die Schaltelemente für die Kochzonen haben unterschiedliche Kennzeichnungen. Die nebenstehende Tabelle gibt Einstellungsempfehlungen zu den in den Rezepten angegebenen Garvorgängen, bezogen auf Schalterknebel mit Merkzahlen von 1 bis 9 sowie von 1 bis 12. Die angegebenen Einstellbereiche sind Mittelwerte. Die Gebrauchsanweisung des jeweiligen Gasherds sollte beachtet werden. Grundsätzlich reicht für empfindliche Speisen, kleine Mengen und gutes Kochgeschirr eine niedrige Einstellung im angegebenen Bereich aus.

Garvogänge	Einstellbereiche	
Ankochen, Erhitzen, Aufkochen, Blanchieren	9	12
Anbraten, Andünsten, Auslassen, Rösten, Bräunen, Abbrennen, Fritieren, Karamelisieren	6 bis 8	9 bis 11
Braten, Backen	5 bis 7	8 bis 10
Abschlagen	3 bis 5	5 bis 7
Große Mengen: Fortkochen, Dämpfen, Dünsten, Schmoren	4 bis 5	6 bis 7
Fortkochen, Dämpfen, Dünsten, Schmoren	3 bis 4	4 bis 6
Quellen, Garziehen, Erwärmen, Schmelzen, Stocken	1 bis 2	1 bis 3
Nachwärme für diverse Garvorgänge	0	0

Einstellbereiche von Gas-Kochzonen

Der Gas-Backofen mit konventioneller Beheizung

Beim Gas-Backofen mit konventioneller Beheizung erfolgt die Wärmeübertragung durch Strahlung und natürliche Konvektion. Die vom Brenner unter dem Bodenblech erzeugte Wärme wird so geleitet, daß möglichst eine gleichmäßige Temperaturverteilung von oben und unten stattfindet. Es kann nur eine Ebene genutzt werden. Energie läßt sich jedoch sparen, indem man mehrere Speisen nebeneinander auf diese Ebene stellt.

Auf dem Schalterknebel sind die verschiedenen Einstellbereiche entweder in °C oder als Kennziffern von 1 bis 8 angegeben. Welche Temperatur der jeweiligen Einstellung zugeordnet ist, geht aus der Gebrauchsanweisung des Gasherds hervor.

Die nachfolgenden Einstellbereiche sind Empfehlungen zu den in den Rezepten angegebenen Temperaturen und Stufenschaltungen.

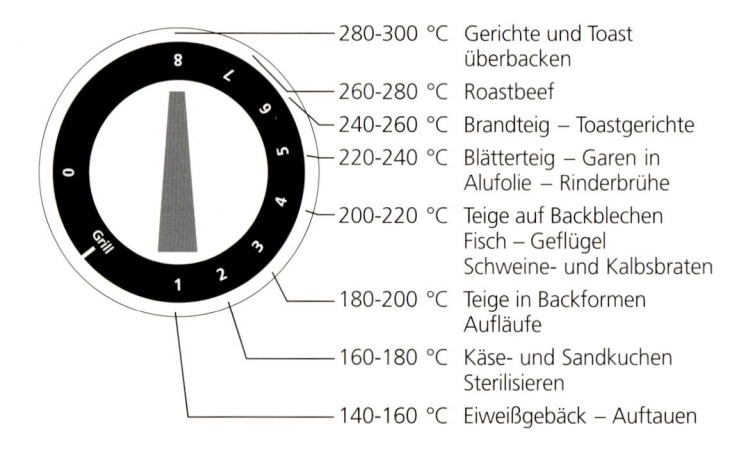

Temperatur	Verwendung
280-300 °C	Gerichte und Toast überbacken
260-280 °C	Roastbeef
240-260 °C	Brandteig – Toastgerichte
220-240 °C	Blätterteig – Garen in Alufolie – Rinderbrühe
200-220 °C	Teige auf Backblechen Fisch – Geflügel Schweine- und Kalbsbraten
180-200 °C	Teige in Backformen Aufläufe
160-180 °C	Käse- und Sandkuchen Sterilisieren
140-160 °C	Eiweißgebäck – Auftauen

Einstellbereiche für den konventionellen Gas-Backofen

Der Gas-Backofen mit Umluft

Beim Umluftbetrieb wird die erwärmte Luft über einen Ventilator, der sich an der Rückwand des Backofens befindet, gleichmäßig im Backraum verteilt. Die Wärmeübertragung erfolgt durch erzwungene Konvektion, die eine schnelle Wärmeverteilung bewirkt. Bei dieser Beheizungsart kann bei gleicher Gardauer eine niedrigere Temperatur gewählt werden.

> **Achtung:** Die Temperaturen müssen beim Gas-Backofen mit Umluft 25 bis 30 °C niedriger eingestellt werden als in den Rezepten angegeben, oder man richtet sich nach der Gebrauchsanweisung des Herstellers.

Bei der Beheizung mit Umluft kann auf mehreren Ebenen gleichzeitig gegart und so die Energie optimal genutzt werden. Voraussetzung ist allerdings, daß die Speisen die gleiche Gartemperatur benötigen.

Hinweis zu den Rezepten

Es werden die folgenden Abkürzungen verwendet:

EL	Eßlöffel
TL	Teelöffel
l	Liter
TK	Tiefkühl
*	zwischen den Zutaten = Trennung der einzelnen Arbeitsgänge
*	im Text = Arbeitsgang beendet

Wenn nichts anderes angegeben ist, sind die Rezepte für **vier Personen** berechnet.

Suppen und Eintöpfe

Gemüsesuppe mit Käseklößchen

1 Stange Porree,
1/4 Sellerieknolle,
1/2 Kohlrabi,
2 Möhren,
1 l Rindfleischbrühe *
Salz,
Pfeffer,
2 EL feingehackte glatte Petersilie *
Käseklößchen:
1/8 l Wasser,
Salz,
Muskat,
50 g Butter,
75 g Mehl,
2 Eier,
40 g geriebener Parmesankäse *
Fett zum Fritieren

Gemüse in sehr feine Streifen schneiden. Brühe ankochen, Gemüse hineingeben und 5 Minuten fortkochen * Mit Salz und Pfeffer abschmecken und Petersilie hineingeben * Für die Käseklößchen Wasser mit Salz, Muskat und Butter aufkochen. Mehl auf einmal hineinschütten und zu einem Kloß rühren. Masse etwas abkühlen lassen, nach und nach die Eier unter den Teig rühren, zum Schluß den Käse untermengen * Fett erhitzen, mit zwei Teelöffeln kleine Klößchen aus der Käsemasse formen, im Fett goldbraun fritieren und abtropfen lassen. Klößchen erst kurz vor dem Servieren auf die Suppe geben.

SUPPEN UND EINTÖPFE

Klare Ochsenschwanzsuppe

*1 kg Ochsenschwanz,
1 l Wasser,
1/2 l trockener Weißwein,
Salz,
5 Pfefferkörner,
1 Lorbeerblatt,
1 durchgepreßte Knoblauchzehe,
1 Messerspitze Muskatblüte *
1/8 l trockener Sherry,
Cayennepfeffer*

Ochsenschwanz (am besten vom Metzger zerkleinern lassen) mit Wasser, Wein und Gewürzen ankochen und 2 bis 2 1/2 Stunden unter stetem Abschäumen garziehen lassen * Brühe durch ein Sieb gießen und das Fett abschöpfen. Ochsenschwanzsuppe eventuell nachsalzen und mit Sherry und Cayennepfeffer abschmecken * Fleisch von den Knochen lösen, Fett entfernen. Fleisch in feine Streifen schneiden, in die Suppe geben und erhitzen. Die Suppe sehr heiß servieren.

Geflügelcremesuppe

*40 g Butter,
40 g Mehl,
3/4 l Hühnerbrühe,
250 g süße Sahne,
1/8 l Weißwein,
Salz,
1 Messerspitze Muskatblüte *
4 EL gegarter Langkornreis,
4 EL gegartes, in feine Würfel geschnittenes Hühnerfleisch *
2 EL geröstete Mandelblättchen*

Butter erhitzen, Mehl darin andünsten, mit Brühe ablöschen und aufkochen. Sahne und Wein dazugeben, mit Salz und Muskatblüte abschmecken * Reis und Hühnerfleisch hineingeben und kurz erwärmen * In Suppentassen verteilen und mit Mandelblättchen bestreuen.

Suppen und Eintöpfe

Helgoländer Fischsuppe

1 Zwiebel,
30 g Butter,
3/4 l Brühe *
200 g TK-Fischfilet
(z. B. Seelachs oder Kabeljau) *
250 g Tomaten *
2 EL Sherry,
Salz,
1 Bund Dill

Zwiebel kleinschneiden. Butter erhitzen, Zwiebel darin glasig dünsten, Brühe angießen und aufkochen lassen * Fischfilet antauen lassen, in Würfel schneiden, in die Brühe geben und 10 Minuten fortkochen * Tomaten überbrühen, abziehen und in Viertel schneiden. Tomaten in die nicht mehr kochende Brühe geben und 10 Minuten ziehen lassen * Mit Sherry und Salz abschmecken und mit gehacktem Dill bestreuen.

Rügener Aalsuppe

400 g küchenfertiger Aal,
1 l Wasser,
Salz,
2 Gewürznelken,
2 Pimentkörner,
1 bis 2 Lorbeerblätter *
60 g geräucherter
durchwachsener Speck,
100 g Zwiebeln,
80 g Möhren,
60 g Sellerieknolle,
60 g Porree,
80 g Butter oder Margarine,
60 g Mehl *
Zitronensaft,
Weißwein,
Pfeffer,
Salz *
40 g Fett,
3 Scheiben Weißbrot *
4 EL Crème fraîche,
2 bis 3 EL gemischte gehackte Kräuter

Aal filetieren. Gräten kleinschneiden und im Wasser mit den Gewürzen ankochen und etwa 35 Minuten fortkochen * Speck in Würfel, Zwiebeln und Gemüse in feine Streifen schneiden. Butter oder Margarine erhitzen, Speck darin auslassen, Zwiebeln und Gemüse dazugeben und andünsten. Mehl darüberstäuben, mit der durchgesiebten Fischbrühe ablöschen und 15 Minuten fortkochen * Aal in etwa 1 cm große Würfel schneiden, in die Suppe geben und etwa 10 Minuten garziehen lassen * Aalsuppe mit Zitronensaft, Wein, Pfeffer und Salz pikant abschmecken * Fett erhitzen, Weißbrot in kleine Würfel schneiden und darin goldbraun rösten * Suppe auf Teller verteilen und mit Crème fraîche verfeinern. Mit Croutons und Kräutern bestreuen und sofort servieren.

SUPPEN UND EINTÖPFE

Sauerkrautsuppe

100 g Schinkenspeck,
1 Schalotte *
300 g Kartoffeln,
500 g feines Weinsauerkraut,
Pfeffer,
1/4 l Weißwein,
1/4 l Rindfleischbrühe *
250 g Crème fraîche,
Salz

Schinkenspeck in feine Würfel schneiden und auslassen. Schalotte in feine Würfel schneiden, zum Speck geben und andünsten * Kartoffeln in kleine Würfel schneiden und mit Sauerkraut zum Speck geben. Pfeffer, Wein und Brühe hinzufügen, Suppe ankochen und 30 Minuten fortkochen * Crème fraîche unter die Suppe rühren und mit Salz abschmecken.

Kartoffelsuppe

75 g Bauchspeck,
250 g Suppengrün,
500 g mehlig kochende Kartoffeln,
Salz,
Pfeffer,
1/2 TL gehackter Kümmel,
Gewürzkörner,
1 Lorbeerblatt,
1 l Fleischbrühe *
125 g süße Sahne,
Majoran,
Muskat,
gehackte Petersilie,
gehackter Kerbel *
3 Scheiben Weißbrot,
2 EL Butter

Speck, Suppengrün und Kartoffeln in Würfel schneiden. Speck auslassen, Gemüse und Kartoffeln darin andünsten. Gewürze und Brühe dazugeben, ankochen und 30 Minuten fortkochen * Lorbeerblatt entfernen. Suppe passieren, mit der Sahne verfeinern und mit den Gewürzen kräftig abschmecken. Kräuter in die Suppe geben * Brot in Würfel schneiden. Butter erhitzen, Brotwürfel darin goldgelb rösten, auf die Suppe geben und diese sehr heiß servieren.

Tip: Als Fleischeinlage eignen sich angebratene Scheiben von Wiener Würstchen, Bockwurstscheiben, in Streifen geschnittene gekochte Rinderbrust oder Bauchfleisch sowie gebräunte Zwiebeln.

SUPPEN UND EINTÖPFE

Erbsensuppe

1 Zwiebel,
20 g Butter,
600 g enthülste Erbsen,
*1/2 l Hühnerbrühe **
2 Möhren,
1 Bund Frühlingszwiebeln,
10 g Butter,
*Salz **
250 g Crème fraîche,
Salz,
*Peffer **
2 EL gehackter Kerbel

Zwiebel in feine Würfel schneiden. Butter erhitzen und Zwiebel darin glasig dünsten. Erbsen dazugeben und andünsten. Brühe angießen, ankochen und Erbsen 10 Minuten fortkochen * Möhren in feine Stifte, Frühlingszwiebeln in feine Ringe schneiden. Butter erhitzen, Möhren und Frühlingszwiebeln 3 Minuten darin andünsten und salzen * Erbsensuppe pürieren, Crème fraîche unterrühren und mit Salz und Pfeffer abschmecken * Suppe in Teller füllen, Möhren und Frühlingszwiebeln darauf verteilen und mit Kerbel bestreut servieren.

Käsesuppe mit Frühlingszwiebeln

1 Bund Frühlingszwiebeln,
*1 EL Butter **
3/4 l Gemüsebrühe,
1/8 l Weißwein,
*200 g Kräuterschmelzkäse **
Salz,
Pfeffer,
Muskat,
3 EL süße Sahne

Frühlingszwiebeln in Ringe schneiden. Butter erhitzen, Frühlingszwiebeln darin andünsten * Brühe und Wein angießen und aufkochen. Schmelzkäse hinzufügen und unter Rühren schmelzen lassen * Suppe mit Salz, Pfeffer und Muskat würzen und mit Sahne verfeinern.

SUPPEN UND EINTÖPFE

Frische Tomatensuppe

Foto

*1 mittelgroße Zwiebel,
1 Knoblauchzehe,
500 g reife Tomaten *
1 EL Olivenöl,
1/4 TL Salz,
frisch gemahlener schwarzer Pfeffer,
1/2 TL Paprika,
1 Prise Zucker,
gehackte frische Kräuter
(z. B. Basilikum, Oregano, Thymian und Rosmarin),
400 ml entfettete Rindfleischbrühe *
1 EL saure Sahne,
1 EL geriebener Parmesankäse,
Basilikumblätter*

Zwiebel in grobe Würfel schneiden. Knoblauchzehe durchpressen. Tomaten überbrühen, abziehen und in feine Würfel schneiden * Öl in einem Kochtopf erhitzen, Zwiebel und Knoblauch darin glasig dünsten. Tomatenwürfel, Salz, Pfeffer, Paprika, Zucker, Kräuter und Brühe dazugeben und 20 Minuten dünsten * Suppe durch ein Haarsieb streichen und in Tassen füllen. Auf jede Tasse einen Klecks saure Sahne geben und Suppe mit Parmesankäse bestreuen. Mit Basilikumblättern garnieren.

Fenchelsuppe mit Krabben

*4 kleine Fenchelknollen,
30 g Butter,
1/2 l Gemüsebrühe,
100 ml Weißwein *
200 g süße Sahne,
2 EL trockener Wermut,
Salz,
Muskat *
80 g Krabben*

Fenchelgrün abschneiden und beiseite legen. Fenchelknollen in Streifen schneiden. Butter erhitzen und Fenchel darin andünsten. Brühe und Wein angießen, aufkochen und 10 Minuten fortkochen * Suppe pürieren, Sahne angießen und mit Wermut, Salz und Muskat abschmecken * Krabben kurz in der Suppe erwärmen. Fenchelgrün fein hacken und vor dem Servieren über die Suppe streuen.

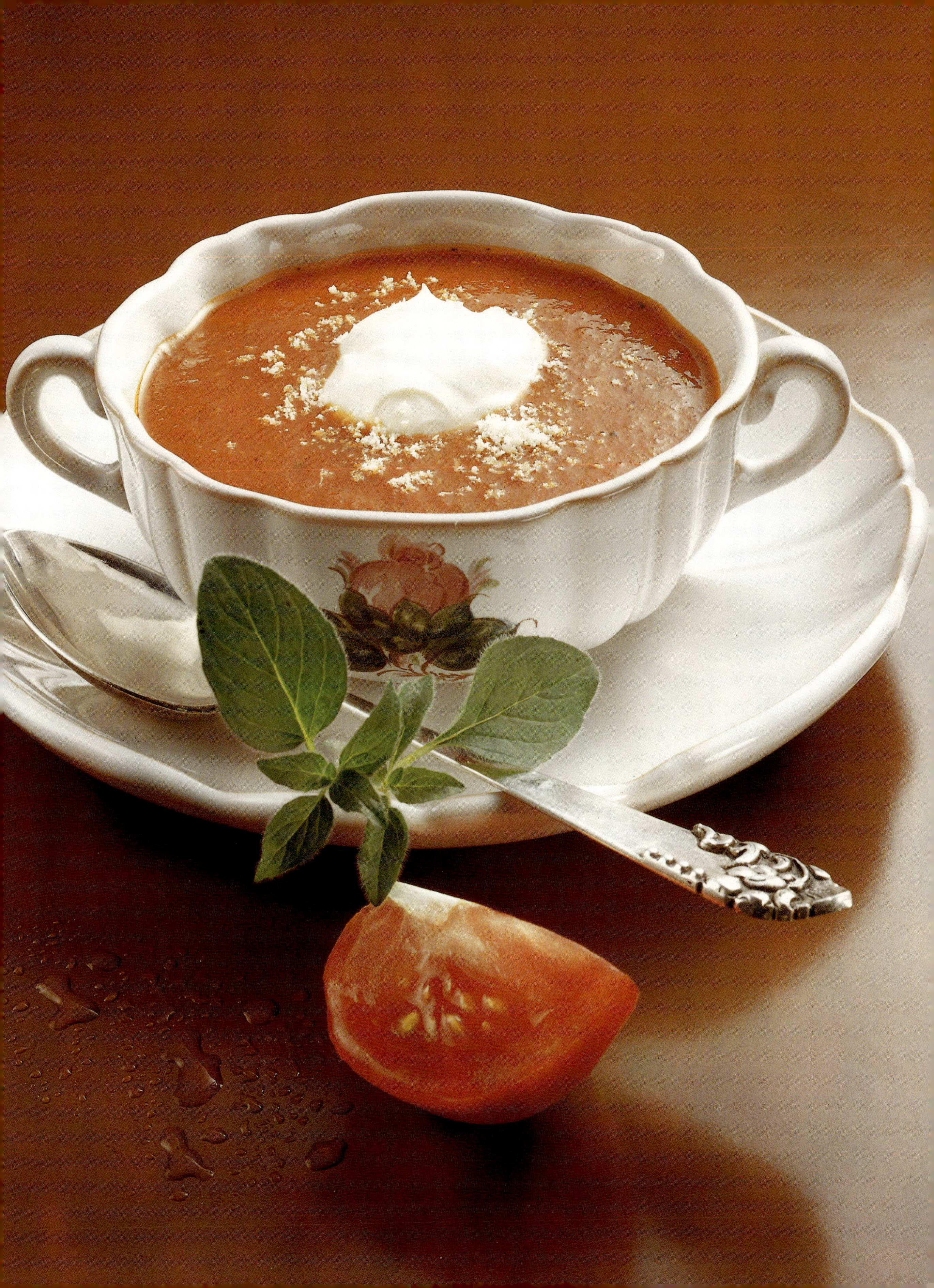

SUPPEN UND EINTÖPFE

Paprikacremesuppe

3 rote Paprikaschoten,
2 Zwiebeln,
20 g Butter,
400 ml Brühe *
150 g Crème fraîche,
Salz,
Pfeffer,
Zucker *
1 gelbe Paprikaschote,
2 EL Schnittlauchröllchen

Rote Paprikaschoten und Zwiebeln in Würfel schneiden. Butter erhitzen, Paprika und Zwiebeln darin andünsten. Brühe angießen, aufkochen und 20 Minuten fortkochen * Masse pürieren, Crème fraîche unter die Suppe rühren und mit Salz, Pfeffer und Zucker abschmecken * Gelbe Paprikaschote in sehr feine Würfel schneiden. Suppe mit Paprikawürfeln und Schnittlauchröllchen bestreut servieren.

Radieschensuppe

1 Zwiebel,
2 Bund Radieschen *
30 g Butter,
1/2 l Hühnerbrühe *
100 g Doppelrahm-Frischkäse,
100 g Crème fraîche,
Salz,
Cayennepfeffer,
Muskat,
2 EL Zitronensaft

Zwiebel fein hacken. Grobe Blätter der Radieschen entfernen. Radieschen grob raspeln, Blätter in feine Streifen schneiden. Jeweils 2 EL Radieschen und Blätter beiseite legen * Butter erhitzen, Zwiebel darin andünsten. Radieschen und Blätter dazugeben und andünsten. Brühe angießen, ankochen und 20 Minuten fortkochen * Frischkäse und Crème fraîche unterrühren. Suppe mit Salz, Cayennepfeffer, Muskat und Zitronensaft abschmecken. Mit Radieschenraspeln und Radieschengrün bestreut servieren.

SUPPEN UND EINTÖPFE

Fischeintopf

500 g Kabeljaufilet,
Saft von 1 Zitrone,
Salz *
100 g Zwiebeln,
1 rote Peperoni,
1 Frühlingszwiebel,
1 rote Paprikaschote,
300 g Chinakohl,
300 g Mangold,
80 g Glasnudeln *
4 EL Öl,
1/2 l Hühnerbrühe,
6 EL Sojasoße,
1/2 TL gemahlener Anis,
Zucker,
Salz *
1 EL gehackter Dill

Kabeljaufilet in 2 cm breite Streifen schneiden, mit Zitronensaft säuern und salzen * Zwiebeln in feine Ringe, Gemüse in feine Streifen schneiden. Glasnudeln kleinschneiden und 10 Minuten in kaltem Wasser einweichen * Öl erhitzen, Gemüse darin 4 Minuten dünsten. Brühe und Sojasoße angießen, mit Anis, Zucker und Salz würzen, ankochen und 5 Minuten fortkochen * Fisch dazugeben und 5 Minuten garziehen lassen * Abgetropfte Glasnudeln hinzufügen und erwärmen. Eintopf mit Dill bestreut servieren.

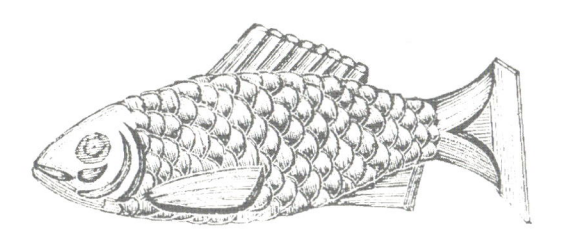

SUPPEN UND EINTÖPFE

Japanischer Eintopf

1 EL Öl,
500 g Hackfleisch *
4 Zwiebeln,
2 Stangen Porree *
250 g Hörnchennudeln,
3/4 l Brühe,
Salz,
Pfeffer,
Thymian

Öl erhitzen und Hackfleisch darin anbraten * Zwiebeln in Würfel, Porree in Ringe schneiden, beides zum Hackfleisch geben und kurz andünsten * Nudeln darauf verteilen, Brühe angießen, mit Salz, Pfeffer und Thymian würzen und etwa 15 Minuten garen.

Linseneintopf

250 bis 375 g geräucherter
durchwachsener Speck,
1/4 Sellerieknolle,
1 Stange Porree,
1 Möhre,
1 EL Öl *
375 g Linsen,
1 l Wasser,
Salz,
Pfeffer,
1 Lorbeerblatt,
4 Nelken,
1 Zwiebel *
500 g Kartoffeln *
Essig,
saure Sahne

Speck und Sellerieknolle in Würfel, Porree in Ringe und Möhre in Scheiben schneiden. Öl erhitzen, Speck darin anbraten. Porree, Möhre und Sellerie dazugeben und unter Rühren 5 Minuten mitbraten * Linsen, Wasser, Salz, Pfeffer und die mit Lorbeerblatt und Nelken gespickte Zwiebel dazugeben, aufkochen und 60 bis 70 Minuten fortkochen * Kartoffeln in Würfel schneiden und 30 Minuten vor Ende der Gardauer hinzufügen * Zwiebel entfernen und Eintopf mit Essig und Sahne abschmecken.

Tip: Die Gardauer verkürzt sich, wenn die Linsen am Vortag eingeweicht oder wenn vorbehandelte Linsen verwendet werden.

Suppen und Eintöpfe

Wirsingeintopf

750 g Schweinenacken,
3 Zwiebeln,
1 mittelgroßer Wirsing,
500 g Kartoffeln,
300 g Möhren,
3 EL Öl *
1 TL Kümmel,
1 TL Salz,
Pfeffer,
1/4 l Brühe,
1/8 l Weißwein

Schweinenacken in Würfel, Zwiebeln in Ringe schneiden. Wirsing in große Stücke, Kartoffeln und Möhren in Scheiben schneiden. Öl erhitzen, Fleisch darin anbraten. Zwiebeln dazugeben und glasig dünsten * Die Hälfte des Wirsings auf das Fleisch geben, Kartoffeln und Möhren darüberschichten, mit restlichem Wirsing abdecken und mit Kümmel, Salz und Pfeffer würzen. Brühe und Wein angießen, ankochen und 45 bis 50 Minuten fortkochen. Vor dem Servieren umrühren und abschmecken.

Rosenkohl-Fleisch-Eintopf

1/4 l Wasser,
Salz,
500 g Rosenkohl *
500 g Kürbis,
1 l Wasser *
100 g geräucherter durchwachsener Speck,
3 Schalotten,
2 EL Öl,
400 g gemischtes Hackfleisch,
Salz,
Pfeffer,
1 TL Tomatenmark,
1/8 l Brühe *
2 EL Sonnenblumenkerne,
1 Bund Kerbel,
Muskat,
4 EL geriebener Parmesankäse

Wasser mit Salz ankochen, Rosenkohl hineingeben, ankochen und 15 Minuten fortkochen * Kürbisfleisch in Würfel schneiden. Wasser ankochen, Kürbis 5 Minuten darin blanchieren * Speck und Schalotten in feine Würfel schneiden. Öl erhitzen, Speck darin auslassen, Schalotten dazugeben und andünsten. Hackfleisch hinzufügen und krümelig anbraten. Mit Salz und Pfeffer würzen. Abgetropften Rosenkohl und Kürbis, Tomatenmark und Brühe dazugeben, ankochen und 15 Minuten schmoren * Sonnenblumenkerne und Kerbel hacken und unter den Eintopf mischen. Mit Muskat abschmecken und Parmesankäse darüberstreuen.

Suppen und Eintöpfe

Westfälisches Blindhuhn

Foto

125 g weiße Bohnen,
*3/4 l Wasser ***
1 mittelgroße Zwiebel,
*1 EL Margarine ***
200 g Möhren,
250 g grüne Bohnen,
600 g Kartoffeln,
400 g geräucherter
durchwachsener Speck,
1/4 l Fleischbrühe,
je 1 TL Majoran und Bohnenkraut,
Salz,
*weißer Pfeffer ***
250 g säuerliche Äpfel

Bohnenkerne waschen, mit Wasser in einen Kochtopf geben und zugedeckt über Nacht einweichen. Bohnen im Einweichwasser ankochen und etwa 15 Minuten fortkochen * Zwiebel in Würfel schneiden. Margarine erhitzen, Zwiebelwürfel darin andünsten * Möhren in Scheiben schneiden, Bohnen in Stücke brechen. Kartoffeln in Würfel schneiden. Gemüse mit Zwiebeln, Speck, Brühe, Kräutern, Salz und Pfeffer zu den Bohnen geben und etwa 45 Minuten fortkochen * Äpfel in Achtel schneiden und 5 Minuten vor Ende der Gardauer zum Eintopf geben. Speck vor dem Servieren in Scheiben schneiden.

Ostpreußischer Betenbartsch

500 g Rindfleisch,
250 g Rinderknochen,
1/2 l Wasser,
*Salz ***
1 Bund Suppengrün,
1 Zwiebel,
*4 Pimentkörner ***
1 kg rote Bete,
2 EL Majoran,
*1/4 l Wasser ***
2 EL Mehl,
125 g saure Sahne,
Salz,
Zucker,
3 bis 4 EL Weinessig

Rindfleisch und Knochen im Wasser mit Salz ankochen und 120 Minuten fortkochen * Suppengrün und Zwiebel grob zerkleinern und mit Pimentkörnern nach 60 Minuten Gardauer zur Brühe geben * Fleisch und Knochen aus der Brühe nehmen, Brühe durch ein Sieb gießen und auffangen. Fleisch in Würfel schneiden und in die Brühe geben * Rote Bete mit Majoran im Wasser ankochen und 40 bis 50 Minuten fortkochen. Haut abziehen, rote Bete grob raspeln, zur Brühe geben und aufkochen * Eintopf mit in Sahne angerührtem Mehl binden und mit Salz, Zucker und Essig abschmecken.

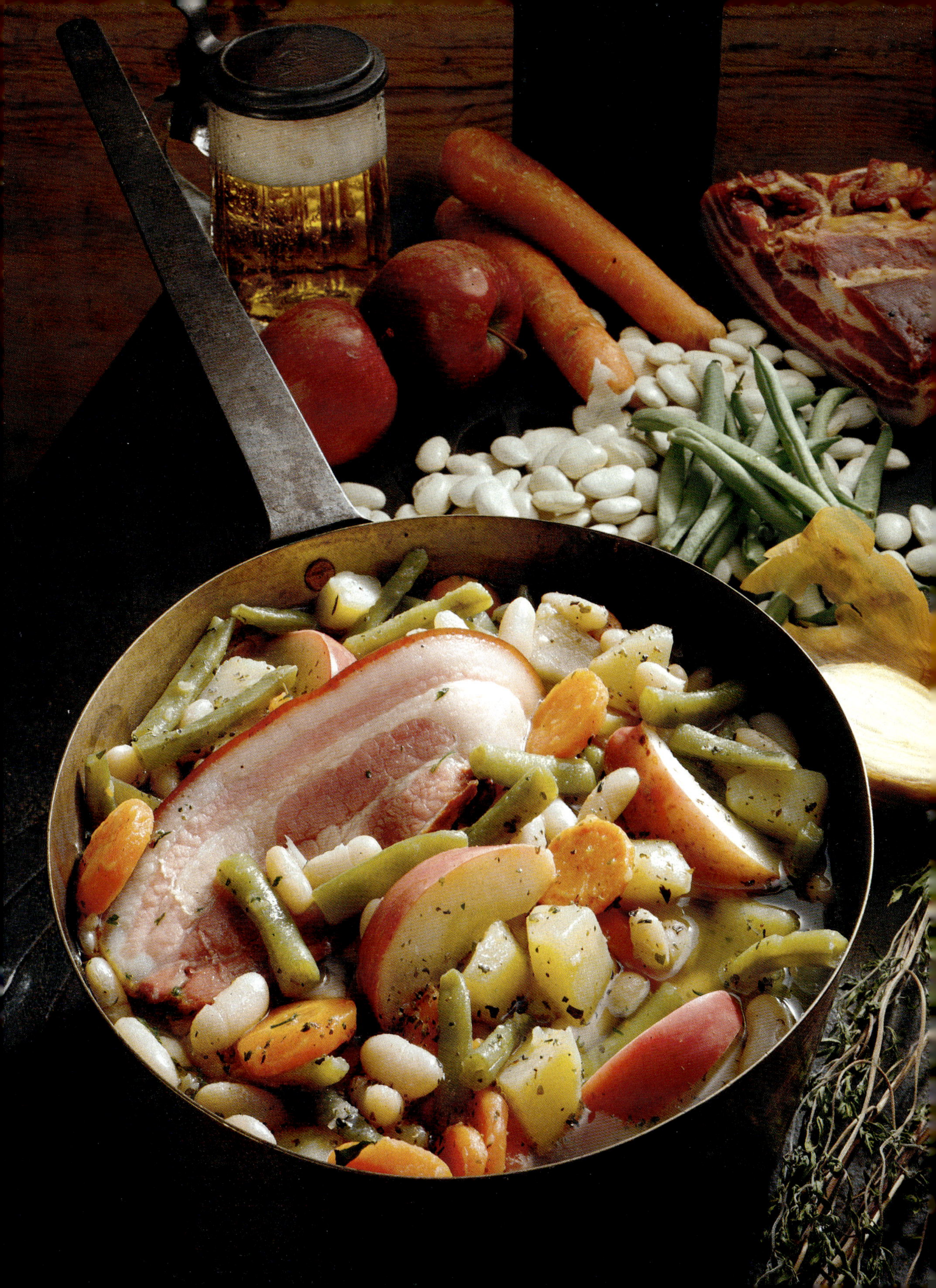

Suppen und Eintöpfe

Provenzalischer Eintopf

500 g Rindfleisch *
Marinade:
1/4 l Weißwein,
1 EL Weinbrand,
2 EL Olivenöl,
2 durchgepreßte Knoblauchzehen,
2 Lorbeerblätter,
Thymian,
Salz,
Pfeffer *
125 g geräucherter durchwachsener Speck,
1 Zwiebel,
375 g Möhren,
375 g Kartoffeln,
375 g Porree,
125 g Tomaten,
50 g schwarze Oliven,
1 Bund Schnittlauch *
Rosmarin,
Majoran *
Petersilie

Fleisch in Würfel schneiden * Für die Marinade die angegebenen Zutaten verrühren, über das Fleisch geben und zugedeckt 12 Stunden im Kühlschrank durchziehen lassen * Speck und Zwiebel in Würfel, Möhren und Kartoffeln in Scheiben, Porree in Ringe schneiden. Tomaten überbrühen, abziehen und in Scheiben schneiden. Oliven halbieren und entsteinen, Schnittlauch in Röllchen schneiden * Speck in einen Bräter geben, vorbereitete Zutaten und das Fleisch mit der Marinade daraufgeben * Mit Rosmarin und Majoran würzen. Den geschlossenen Bräter in den kalten Backofen setzen.
Einsetzen: unten.
Temperatur: 200 °C / Stufe 3 bis 4 / 120 bis 130 Minuten, 5 bis 10 Minuten 0 *
Eintopf mit gehackter Petersilie bestreut servieren.

Suppen und Eintöpfe

Kohlrabieintopf mit Grießklößchen

1 Bund Suppengrün,
2 l Wasser,
500 g Rindfleisch (Hohe Rippe),
Salz,
2 Lorbeerblätter,
1 EL Pfefferkörner *
1 kg Kohlrabi mit Grün *
Grießklößchen:
1/4 l Milch,
10 g Butter,
Salz,
Muskat,
90 g Grieß,
1 Ei,
Petersilie *
300 g TK-Erbsen *
1 Bund Kerbel

Suppengrün grob zerschneiden. Wasser mit Fleisch, Suppengrün, Salz, Lorbeerblättern und Pfefferkörnern ankochen und 80 bis 90 Minuten fortkochen * Kohlrabi – das zarte Grün beiseite legen – in Scheiben schneiden * Für die Grießklößchen Milch mit Butter, Salz und Muskat ankochen, Grieß einstreuen und so lange rühren, bis sich die Masse kloßartig zusammenballt und vom Kochtopfboden löst. Masse etwas abkühlen lassen, Ei und zerkleinerte Petersilie untermengen und abschmecken * Brühe durch ein Sieb gießen. Kohlrabi in die Brühe geben, ankochen und 10 Minuten fortkochen * Von der Grießmasse mit zwei Teelöffeln Klößchen abstechen, in die Suppe geben und 5 bis 10 Minuten garziehen lassen * Fleisch in Würfel schneiden, mit Erbsen in die Suppe geben und erhitzen * Abschmecken und mit gehacktem Kohlrabigrün und Kerbel bestreut servieren.

Vorspeisen

VORSPEISEN

Kleines braunes Ragout

*250 bis 300 g Schweinefleisch (ausgelöstes Kotelettstück),
50 g geräucherter durchwachsener Speck,
1 Zwiebel,
20 g Fett *
1/4 l Brühe,
1 EL Tomatenmark,
100 g Pfifferlinge *
2 EL Speisestärke,
4 EL Milch oder saure Sahne,
Salz,
Pfeffer *
4 Blätterteig-Pasteten*

Fleisch in kleine Würfel oder Streifen, Speck und Zwiebel in Würfel schneiden. Fett erhitzen, Speck und Zwiebel darin glasig dünsten. Fleisch dazugeben und leicht anbraten * Brühe, Tomatenmark und Pfifferlinge hinzufügen und kurz aufkochen lassen * Speisestärke mit Milch oder Sahne anrühren, Ragout damit binden und mit Salz und Pfeffer abschmecken * Pasteten im Backofen oder in einer geschlossenen Pfanne erwärmen und das heiße Ragout einfüllen.

Tip: Anstelle von Pasteten das Ragout mit Toast servieren.

Schnitzel »Hawaii«

*1 EL Fett,
2 Schweineschnitzel *
150 g Doppelrahm-Frischkäse,
20 g gehackte Haselnußkerne,
2 EL Dosenmilch,
2 EL Ananassaft *
4 Salatblätter,
4 Ananasscheiben,
4 gegarte Selleriescheiben*

Fett erhitzen, Schnitzel halbieren und von beiden Seiten 2 bis 5 Minuten darin braten * Frischkäse mit Haselnüssen, Dosenmilch und Ananassaft verrühren * Salatblätter auf eine Platte legen, die abgetropften Ananasscheiben darauf verteilen und mit je einer Schnitzelhälfte und einer Selleriescheibe belegen. Käsesoße über die Schnitzel geben.

VORSPEISEN

Garnelen in Kräuterbutter

12 Garnelen *
1 Bund glatte Petersilie,
1 Schalotte,
2 Knoblauchzehen,
2 EL Butter,
Salz,
weißer Pfeffer *
1 Zitrone

Garnelen heiß abspülen * Einige Petersilienblättchen zum Garnieren zurückbehalten, restliche Petersilie grob zerkleinern. Schalotte in feine Würfel schneiden, Knoblauchzehen durchpressen. Butter erhitzen, Petersilie, Schalotte und Knoblauch darin dünsten und mit Salz und Pfeffer würzen * Garnelen dazugeben und erhitzen * Garnelen auf Teller verteilen, mit der Kräuterbutter begießen, mit Petersilienblättchen und Zitronenachteln garnieren.

Fischcocktail

500 g Kabeljaufilet,
Saft von 1 Zitrone,
Salz,
1/8 l Wasser,
Salz *
2 EL Gurkensud *
2 Äpfel,
2 Pfirsiche,
2 Gewürzgurken *
Soße:
4 bis 5 EL Mayonnaise,
2 EL Magerquark,
2 EL süße Sahne,
1 EL Tomatenketchup,
1 TL geriebener Meerrettich,
Salz,
Pfeffer,
Paprika,
Zucker *
Salatblätter

Fischfilet säuern und salzen. Wasser mit Salz ankochen und Fischfilet 15 bis 20 Minuten darin dünsten * Fischfilet abkühlen lassen, zerpflücken und mit Gurkensud marinieren * Äpfel schälen, vierteln und Kerngehäuse entfernen. Pfirsiche überbrühen, abziehen und Steine entfernen. Äpfel, Pfirsiche und Gurken in Würfel schneiden und zum Fisch geben * Für die Soße die angegebenen Zutaten verrühren und abschmecken. Alle Zutaten mit der Cocktailsoße mischen und nochmals abschmecken * Fischcocktail auf Salatblättern anrichten.

VORSPEISEN

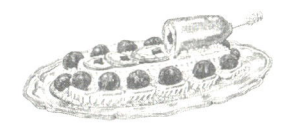

Geflügelleberpastete

250 g Geflügelleber,
250 g Geflügelfleisch,
*150 g geräucherter durchwachsener Speck ***
1 Zwiebel,
1 Ei,
1 TL Majoran,
1 TL Pastetengewürz,
1 TL Salz,
*100 ml Madeira ***
100 g fetter Speck in Scheiben

Geflügelleber, Geflügelfleisch und Speck zwei- bis dreimal durch den Fleischwolf drehen * Zwiebel hacken, mit Ei, Majoran, Pastetengewürz, Salz und Madeira zu der Masse geben, vermengen und abschmecken * Masse in eine mit Speckscheiben ausgelegte Pasteten- oder Kastenform füllen, glattstreichen und mit den restlichen Speckscheiben belegen. In die Fettpfanne des kalten Backofens heißes Wasser gießen und die geschlossene Form hineinstellen.
Einsetzen: Mitte.
Temperatur: 180 °C / Stufe 2 bis 3 / 40 bis 50 Minuten, 5 bis 10 Minuten 0.

Tip: Die Pastete hält sich im Kühlschrank etwa 14 Tage.

VORSPEISEN

Gefüllte Tomaten

4 Fleischtomaten,
Salz,
Paprika edelsüß *
125 g Schafskäse,
75 g Goudakäse,
100 g saure Sahne,
40 g Sonnenblumenkerne,
Pfeffer,
Basilikum

Von den Tomaten Deckel abschneiden und Tomaten aushöhlen. Mit Salz und Paprika würzen * Tomatendeckel und Käse in Würfel schneiden und mit Sahne, Sonnenblumenkernen, Pfeffer und Basilikum mischen. Masse abschmecken und in die Tomaten füllen. Tomaten in eine gefettete Auflaufform geben und in den kalten Backofen setzen.
Einsetzen: Mitte.
Temperatur: 200 °C / Stufe 3 bis 4 / 30 bis 35 Minuten, 5 Minuten 0.

Soufflé in Tomaten

8 mittelgroße Tomaten,
Salz,
Pfeffer *
2 EL Butter,
2 EL Mehl,
1/8 l Milch,
Salz,
Pfeffer,
2 Eigelb,
4 EL geriebener Parmesankäse,
2 Eiweiß

Von den Tomaten Deckel abschneiden und Tomaten aushöhlen. Mit Salz und Pfeffer würzen * Butter erhitzen, Mehl unter ständigem Rühren darin andünsten. Milch hinzufügen und mit Salz und Pfeffer würzen. Eigelb und Käse unterrühren. Eiweiß steif schlagen und unterheben. Tomaten bis 1/2 cm unter dem Rand mit Käsemasse füllen, in eine gefettete Auflaufform geben und in den vorgeheizten Backofen setzen.
Einsetzen: Mitte.
Temperatur: 200 °C / Stufe 3 bis 4 / 20 bis 25 Minuten.
Sofort servieren.

Vorspeisen

Tomatensülze mit Basilikumcreme

350 g Tomaten,
Selleriesalz,
*1 Knoblauchzehe **
1/8 l Gemüsebrühe,
1/4 l Weißwein,
Salz,
Pfeffer,
1 Prise Zucker,
*6 Blatt weiße Gelatine **
Creme:
200 g Crème fraîche,
*1 EL gehacktes Basilikum **
1/2 Salatgurke,
Basilikum

Tomaten überbrühen, abziehen, vierteln, entkernen und in Würfel schneiden. In vier Auflaufförmchen oder Tassen verteilen und mit Selleriesalz und durchgepreßter Knoblauchzehe würzen * Brühe mit Wein erhitzen und mit Salz, Pfeffer und Zucker abschmecken. Eingeweichte, ausgedrückte Gelatine darin auflösen. Über die Tomaten verteilen und im Kühlschrank erstarren lassen * Crème fraîche mit Basilikum verrühren und abschmecken * Sülze mit einem Messer am Rand der Förmchen lösen. Förmchen kurz in warmes Wasser tauchen und Sülze auf Teller stürzen. Gurke in dünne Scheiben schneiden und um die Sülze legen. Creme rings um die Sülze verteilen und mit Basilikumblättern garniert servieren.

VORSPEISEN

Chicorée in Bierteig

1/4 l Wasser,
Salz,
1 bis 2 TL Zitronensaft,
8 Chicoréekolben *
Bierteig:
150 g Mehl,
2 Eigelb,
1/8 l helles Bier,
Salz,
Zucker,
2 Eiweiß *
Fett zum Fritieren *
Petersilie

Wasser mit Salz und Zitronensaft ankochen, Chicorée hineingeben, 10 Minuten fortkochen und abtropfen lassen * Für den Teig Mehl mit Eigelb, Bier, Salz und Zucker verrühren. Eiweiß steif schlagen und unter den Teig heben * Fett erhitzen. Chicorée durch den Teig ziehen, im Fett goldgelb fritieren und abtropfen lassen * Petersilie kurz durch das heiße Fett ziehen und Chicorée damit garnieren.

Weinzwiebeln mit Salami

250 g Schalotten oder
kleine Zwiebeln,
2 EL Olivenöl,
Salz,
Peffer,
2 EL Zucker,
1/8 l Weißwein,
2 EL Zitronensaft,
1 EL Essig *
100 g Mailänder Salami in sehr
dünnen Scheiben,
Zitronenmelisse,
Cocktailtomaten

Schalotten überbrühen und aus der Schale drücken. Öl erhitzen, Schalotten darin andünsten. Mit Salz und Pfeffer bestreuen, Zucker dazugeben und hellbraun braten. Mit Wein, Zitronensaft und Essig ablöschen und 10 bis 15 Minuten dünsten. Schalotten in der Flüssigkeit erkalten und dann abtropfen lassen * Salamischeiben und Schalotten auf Tellern anrichten und mit Zitronenmelisse und Cocktailtomaten garnieren.

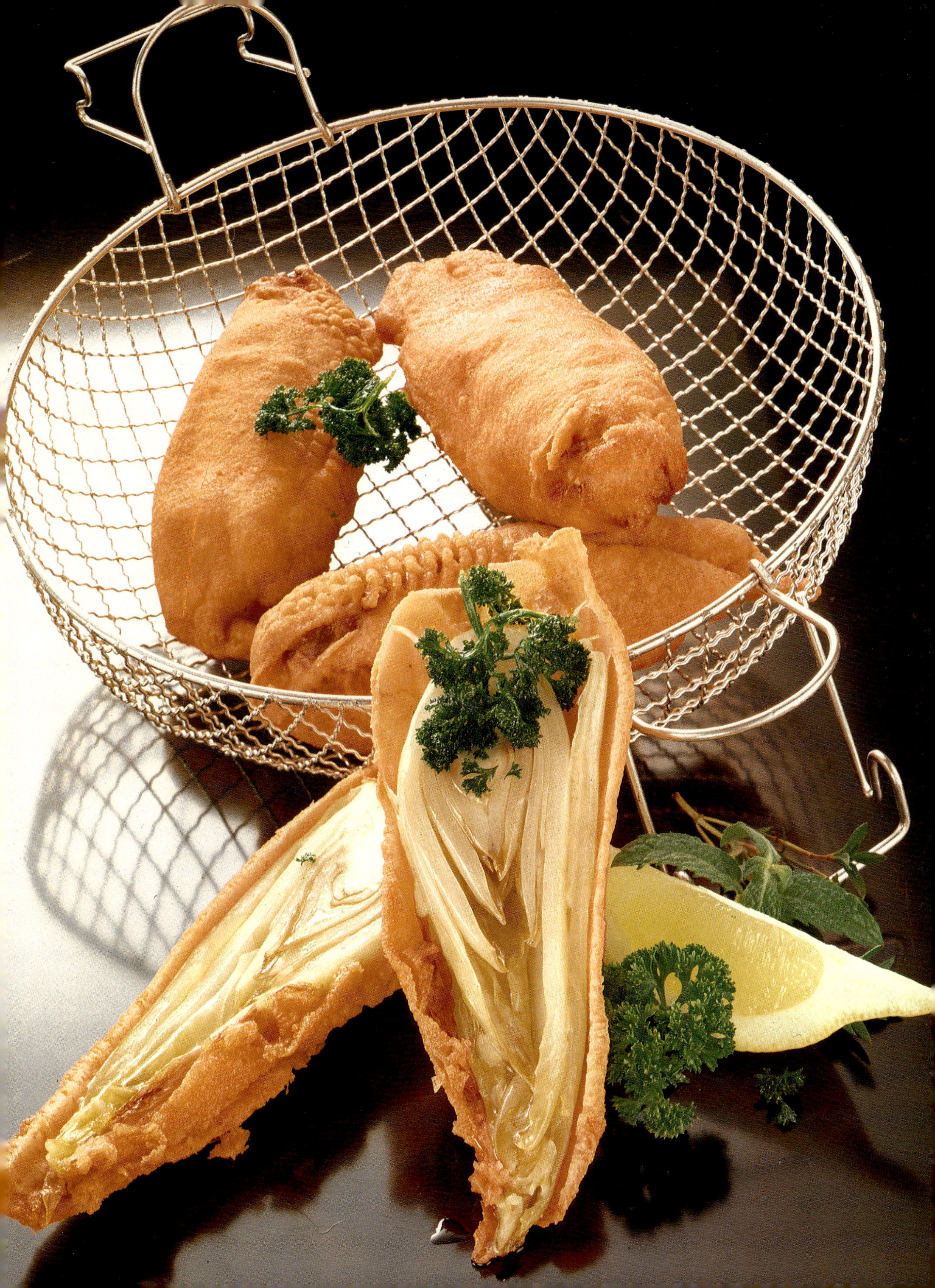

Gefüllte Champignons

8 große Champignons (etwa 500 g),
1 Knoblauchzehe,
1 kleine Zwiebel,
1 Bund Petersilie,
2 Eier,
3 EL süße Sahne,
Pfeffer,
Salz,
Koriander *
100 g Goudakäse,
1/8 l Weißwein

Von den Champignons die Stiele herausdrehen und fein hacken. Knoblauchzehe durchpressen, Zwiebel und Petersilie fein hacken. Alles mit Eiern und Sahne vermengen und mit Pfeffer, Salz und Koriander würzen. Masse in die Champignonköpfe füllen * Käse raspeln und darüberstreuen. Champignons in eine runde Form setzen, Wein dazugießen und Form in den kalten Backofen setzen.
Einsetzen: Mitte.
Temperatur: 200 °C / Stufe 3 bis 4 / 25 bis 30 Minuten.

Griechische Champignons

600 g kleine Champignons,
Saft von 1 Zitrone,
Salz,
Pfeffer,
Thymian,
1 Lorbeerblatt,
10 Korianderkörner,
1/4 l Weißwein *
1 Fleischtomate,
1 Bund glatte Petersilie *
1 große Zwiebel,
5 EL Olivenöl

Champignons mit Zitronensaft beträufeln, mit Salz, Pfeffer, Thymian, Lorbeerblatt und Korianderkörnern mischen, mit Wein übergießen und 30 Minuten marinieren * Tomate überbrühen, abziehen, entkernen und in kleine Würfel schneiden, Petersilie hacken und beides zu den Pilzen geben * Zwiebel in feine Würfel schneiden. Öl erhitzen und Zwiebel darin andünsten. Die Pilzmasse dazugeben und 3 bis 5 Minuten dünsten. Heiß oder kalt servieren.

Förster-Ragoût-fin

2 Scheiben Toastbrot *
2 Zwiebeln,
2 Dosen Pfifferlinge
(Abtropfgewicht je etwa 170 g),
50 g Margarine *
3 Eier,
6 EL Milch,
Salz,
Pfeffer *
2 Ecken Schmelzkäse (je 50 g)

Toastscheiben diagonal durchschneiden und je eine Hälfte in gefettete Ragoût-fin-Förmchen drücken * Zwiebeln in Würfel schneiden, Pfifferlinge abtropfen lassen. Margarine erhitzen, Zwiebeln und Pfifferlinge darin andünsten und in die Schälchen verteilen * Eier mit Milch verquirlen, mit Salz und Pfeffer kräftig würzen und über die Pilzmasse gießen * Käseecken quer halbieren, darauflegen und Förmchen in den kalten Backofen setzen.
Einsetzen: Mitte.
Temperatur: 200 °C / Stufe 3 bis 4 / 20 bis 25 Minuten.

Käsesoufflé

80 g Butter,
4 Eigelb,
Muskat *
4 Eiweiß,
70 g geriebener Parmesankäse,
70 g geriebener Emmentaler Käse

Die Böden von vier Souffléförmchen mit etwas Butter einfetten. Restliche Butter cremig rühren, nach und nach Eigelb unterrühren und mit Muskat würzen * Eiweiß steif schlagen und auf die Eimasse geben. Käse darauf verteilen und vorsichtig unterheben. Masse in die Förmchen füllen und in den vorgeheizten Backofen setzen.
Einsetzen: Mitte.
Temperatur: 220 °C / Stufe 4 bis 5 / 15 bis 20 Minuten.

VORSPEISEN

Mais mit Bananen

*1 Dose Gemüsemais
(Abtropfgewicht etwa 270 g),
1 bis 2 Bananen,
Zitronensaft,
2 TL Curry,
1/2 TL gemahlener Ingwer,
Salz **
*100 g mittelalter Goudakäse,
4 EL süße Sahne,
1 Messerspitze Muskat,
weißer Pfeffer,
Salz **
Minzeblätter

Mais abtropfen lassen. Bananen in feine Scheiben schneiden und mit Zitronensaft beträufeln. Mais und Bananen mischen, mit Curry, Ingwer und Salz abschmecken. Mais-Bananen-Mischung in vier Souffléförmchen verteilen * Käse reiben, mit Sahne mischen und unter Rühren erhitzen, bis die Masse cremig ist. Mit Muskat, Pfeffer und Salz abschmecken. Soße über den Mais gießen. Förmchen in den vorgeheizten Backofen setzen.
Einsetzen: Mitte.
Temperatur: 200 °C / Stufe 3 bis 4 / 10 bis 15 Minuten * Mais mit Minzeblättern anrichten.

Versteckter Mozzarella

*(für 6 Personen)
2 Mozzarella (je 150 g) **
*2 Eier,
150 ml Milch,
24 dünne Scheiben Baguette **
*4 Sardellenfilets,
Salz,
schwarzer Pfeffer,
Paniermehl **
80 g Butterschmalz *
Friséesalat

Mozzarella in jeweils sechs Scheiben schneiden * Eier mit Milch verquirlen und Baguettescheiben darin tränken * Sardellenfilets hacken. Jeweils eine Mozzarellascheibe auf eine Baguettescheibe legen, mit Salz und Pfeffer würzen und mit Sardellen bestreuen. Restliche Baguettescheiben darauflegen, andrücken, in Paniermehl wenden und die Panade andrücken * Butterschmalz erhitzen und die Schnitten von beiden Seiten darin braten * Jeweils zwei Schnitten auf einem Teller anrichten und mit Friséesalat garnieren.

VORSPEISEN

Zucchini mit Parmesan

800 g sehr kleine Zucchini,
50 g Schinkenspeck,
2 Zwiebeln,
1 Bund glatte Petersilie,
20 g Butterschmalz,
Salz,
Pfeffer,
2 EL Wasser *
50 g geriebener Parmesankäse

Zucchini in dicke Scheiben, Schinkenspeck und Zwiebeln in feine Würfel schneiden. Petersilie fein hacken. Butterschmalz erhitzen, Schinkenspeck, Zwiebeln und Petersilie darin andünsten. Zucchini dazugeben, mit Salz und Pfeffer würzen und Wasser hinzufügen. Zucchini 15 Minuten dünsten * Mit Käse bestreut servieren.

Gefüllte Papayas

2 nicht zu reife Papayas,
3 Tomaten,
2 Zwiebeln,
250 g Schinkenspeck,
150 g Champignons *
2 EL Butterschmalz,
150 g Paniermehl,
Salz,
Pfeffer *
75 g geriebener Goudakäse,
Butter

Papayas längs halbieren, entkernen und Fruchtfleisch nicht zu tief herausschaben. Tomaten überbrühen und abziehen. Tomaten, Zwiebeln und Speck in Würfel, Pilze in Scheiben schneiden * Butterschmalz erhitzen, Zwiebeln und Speck darin andünsten. Tomaten, Pilze, Papayafruchtfleisch und Paniermehl hinzufügen und andünsten, mit Salz und Pfeffer abschmecken * Masse in die Papayahälften füllen, mit Käse bestreuen und Butterflöckchen darauf verteilen. In eine gefettete Auflaufform geben und in den kalten Backofen setzen. Einsetzen: unten.
Temperatur: 200 °C / Stufe 3 bis 4 / 30 bis 40 Minuten, 5 Minuten 0.

Salate

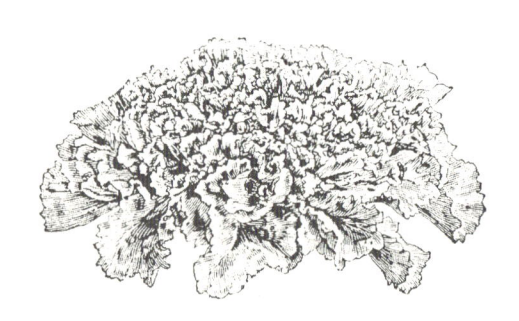

Salate

Zwiebelsalat

500 bis 750 g Zwiebeln,
4 bis 6 EL Öl,
Salz,
*Pfeffer **
Essig,
*Zucker **
2 Bund Petersilie

Zwiebeln in dünne Scheiben schneiden. Öl erhitzen, Zwiebeln darin glasig dünsten und mit Salz und Pfeffer würzen * Zwiebeln abkühlen lassen und mit Essig und Zucker abschmecken * Petersilie hacken und unter die Zwiebeln mengen.
Mit in Scheiben geschnittenen Buletten anrichten.

Tip: 2 bis 4 Äpfel in Scheiben schneiden und zusammen mit den Zwiebeln dünsten.

Nudelsalat »Rosé«

1 l Wasser,
1 TL Salz,
1 TL Öl,
*125 g Hörnchennudeln **
100 g Greyerzer Käse,
100 g Fleischkäse,
2 hartgekochte Eier,
1 rote Paprikaschote,
1 Zwiebel,
*1 Tomate **
Soße:
100 g süße Sahne,
150 g Joghurt,
2 EL Tomatenketchup,
2 EL Zitronensaft,
2 EL saure Sahne,
1 TL Oregano,
2 TL Zucker,
Salz,
Pfeffer,
*Paprika **
1 Bund Petersilie

Wasser mit Salz und Öl ankochen, Nudeln hineingeben, umrühren und etwa 10 Minuten quellen lassen. Abgießen und Nudeln mit kaltem Wasser überspülen * Käse, Fleischkäse und Eier in Würfel, Paprikaschote in Streifen, Zwiebel und Tomate in Spalten schneiden. Alle Zutaten vermengen * Für die Soße Sahne leicht anschlagen und mit den angegebenen Zutaten verrühren. Soße abschmecken, mit den Salatzutaten mischen, kühl stellen und durchziehen lassen * Salat vor dem Servieren nochmals abschmecken und mit gehackter Petersilie bestreuen.

SALATE

Warmer Frühlingskartoffelsalat

1 kg Kartoffeln,
2 Zwiebeln,
1 EL Öl,
*1/4 l Brühe ***
Marinade:
3 Eigelb,
Salz,
Pfeffer,
1 TL Zucker,
3 EL Senfgurkenessig,
2 EL Zitronensaft,
*2 TL Senf ***
150 g Senfgurken,
1 Bund Schnittlauch,
1 Bund Radieschen

Kartoffeln in Scheiben, Zwiebeln in feine Würfel schneiden. Öl erhitzen, Zwiebeln darin andünsten. Brühe angießen, Kartoffeln dazugeben und 12 bis 15 Minuten dünsten * Für die Marinade Eigelb mit Salz, Pfeffer, Zucker, Senfgurkenessig, Zitronensaft und Senf verrühren und über die heißen Kartoffeln gießen * Senfgurken in kleine Würfel, Schnittlauch in Röllchen, Radieschen in dünne Scheiben schneiden, alles unter den Kartoffelsalat heben und sofort servieren.

Gebratener Möhrensalat mit Peperoni

*50 g Kokosraspel ***
600 g Möhren,
*2 grüne Peperoni ***
6 EL Öl,
1 EL Senfkörner,
1 EL Zucker,
*Salz ***
6 EL Orangensaft,
4 EL Zitronensaft

Kokosraspel in der trockenen Pfanne goldbraun rösten * Möhren grob raspeln. Peperoni entkernen und fein hacken * Öl erhitzen, Peperoni und Senfkörner darin anbraten. Möhren dazugeben, mit Zucker und Salz würzen und unter Rühren 2 Minuten braten * Orangen- und Zitronensaft unterrühren und die Möhren abkühlen lassen * Möhrensalat in einer Schüssel anrichten und mit Kokosraspeln bestreut servieren.

SALATE

Blumenkohlsalat

1/2 Blumenkohl,
1/8 l Wasser,
*Salz ***
1 kleiner Kopf Eisbergsalat,
2 hartgekochte Eier,
*150 g gekochter Schinken ***
Soße:
150 g Mayonnaise,
150 g Joghurt,
1 EL Curry,
Salz,
Zucker

Blumenkohl im Wasser mit Salz ankochen und etwa 15 Minuten fortkochen. Abtropfen und abkühlen lassen * Eisbergsalat in Streifen schneiden und auf einer Salatplatte anrichten. Eier in Würfel, Schinken in Streifen schneiden und mit dem Blumenkohl auf dem Eisbergsalat verteilen * Aus den angegebenen Zutaten eine Salatsoße bereiten, abschmecken und über die Salatzutaten gießen.

Lauwarmer Rosenkohlsalat

750 g Rosenkohl,
1/8 l Wasser,
*Salz ***
100 g geräucherter durchwachsener Speck,
100 g Zwiebeln,
20 g Fett,
1/8 l Brühe,
*2 bis 3 EL Essig ***
1 Gewürzgurke,
1 Bund Schnittlauch

Rosenkohl im Wasser mit Salz ankochen und 10 bis 15 Minuten fortkochen. Abtropfen und abkühlen lassen * Speck und Zwiebeln in Würfel schneiden. Fett erhitzen, Speck darin bräunen, Zwiebeln darin andünsten. Mit Brühe und Essig ablöschen. Soße über den Rosenkohl gießen und gut mischen * Gewürzgurke längs vierteln, dann quer in dünne Scheiben schneiden und mit Schnittlauchröllchen unter den Salat mischen.

SALATE

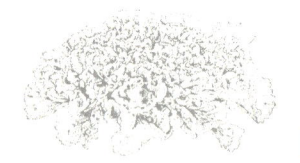

Feldsalat mit Putenleber

Foto

200 g Putenleber,
2 EL Cognac,
*weißer Pfeffer ***
250 g Feldsalat,
1 Zwiebel,
*1 EL trockener Sherry ***
2 EL Butter,
*Salz ***
Marinade:
2 EL Sherryessig,
1 TL Zitronensaft,
4 EL Öl

Putenleber in dünne Scheiben schneiden. Cognac mit Pfeffer verrühren, Leber 10 Minuten darin marinieren * Feldsalat auf Tellern anrichten. Zwiebel in Ringe schneiden, auf dem Feldsalat verteilen und mit Sherry beträufeln * Butter erhitzen, Putenleber von allen Seiten etwa 2 Minuten darin goldbraun braten, salzen und etwas abkühlen lassen * Für die Marinade die angegebenen Zutaten verrühren, abschmecken und über den Salat geben. Putenleber darauf anrichten.

Römischer Salat mit Steinpilzen

1 kleiner Kopf römischer Salat,
1 bis 2 EL Himbeeressig,
Salz,
*Pfeffer ***
500 g Steinpilze,
30 g Butter,
Salz

Salat in feine Streifen schneiden, mit Essig beträufeln und mit Salz und Pfeffer bestreuen * Pilze in feine Scheiben schneiden. Butter erhitzen, Pilze portionsweise scharf darin anbraten und mit Salz bestreuen. Salat auf Tellern anrichten und Pilze darauf verteilen.

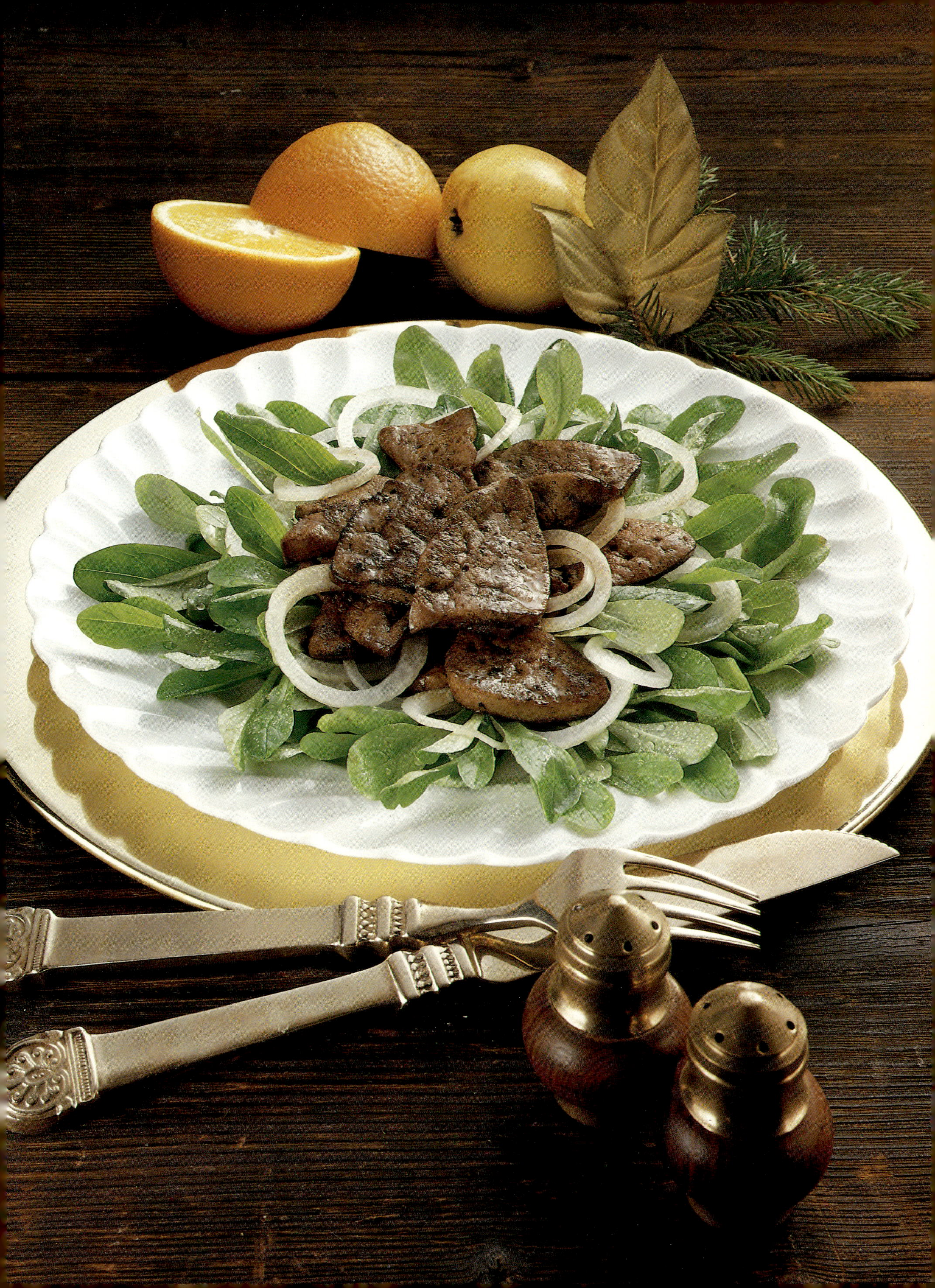

SALATE

Mexikanischer Bohnensalat

200 g bißfest gegarte grüne Brechbohnen,
200 g bißfest gegarte gelbe Brechbohnen,
100 g gegarte Kidneybohnen,
200 g gegarte Maiskörner,
1 rote Paprikaschote,
150 g Salami *
Marinade:
1/8 l Fleischbrühe,
4 EL Kräuteressig,
2 EL Schnittlauchröllchen,
Salz,
Pfeffer,
4 EL Öl

Bohnen und Maiskörner abtropfen lassen, Paprikaschote und Salami in kleine Würfel schneiden * Für die Marinade die angegebenen Zutaten verrühren und abschmecken. Marinade mit den Salatzutaten mischen, kühl stellen und durchziehen lassen. Salat vor dem Servieren nochmals abschmecken.

Sauerkrautsalat mit Eisbein

375 g Sauerkraut,
1 EL Zucker,
Pfeffer,
2 EL Öl *
2 Zwiebeln *
Gekochtes Eisbein

Sauerkraut mit Zucker und Pfeffer würzen. Öl hinzufügen und vermengen * Zwiebeln in dünne Scheiben schneiden und unter das Sauerkraut mischen * Eisbein vom Knochen lösen und Fleisch in Scheiben schneiden. Abkühlen lassen und auf dem Sauerkrautsalat anrichten.

Tip: 2 Äpfel oder 3 Scheiben Ananas in Würfel schneiden und unter das Sauerkraut mengen.

Salate

Roter Kabeljausalat

600 g TK-Kabeljaufilet,
Saft von 1 Zitrone,
Salz *
2 Äpfel,
2 Gewürzgurken,
70 g Walnußkerne,
1 Glas rote Bete
(Abtropfgewicht etwa 330 g) *
Soße:
1 Zwiebel,
2 EL Mayonnaise,
150 g Joghurt,
Saft von 1/2 Zitrone,
1 Prise gemahlener Kümmel,
1 TL Paprika edelsüß,
Salz,
1 Prise Zucker *
2 hartgekochte Eier,
1 Bund Dill

Fisch mit Zitronensaft beträufeln, salzen und mit etwas Wasser etwa 15 Minuten dünsten. Abkühlen lassen und in Stücke schneiden * Äpfel schälen und Kerngehäuse entfernen. Äpfel und Gurken in Würfel schneiden, Walnüsse hacken, rote Bete abtropfen lassen * Für die Soße Zwiebel in Würfel schneiden und mit den angegebenen Zutaten verrühren. Salatzutaten in die Soße geben, mischen, abschmecken, kühl stellen und durchziehen lassen * Salat vor dem Servieren nochmals abschmecken. Salat mit Eiachteln und Dill garnieren.

Apfel-Porree-Salat

750 g Porree,
3 rote Äpfel,
Saft von 1 Zitrone *
Soße:
3 EL Kräuteressig,
150 g Joghurt,
1 Päckchen TK-8-Kräuter,
Salz,
Pfeffer,
Zucker *
50 g geröstete Sonnenblumenkerne

Porree in Streifen schneiden und 3 bis 5 Minuten blanchieren. Porree abtropfen lassen. Äpfel vierteln, Kerngehäuse entfernen und Äpfel in Streifen schneiden. Mit Zitronensaft beträufeln * Für die Soße Essig mit Joghurt, Kräutern, Salz, Pfeffer und Zucker verrühren. Soße über die Salatzutaten geben und mischen * Salat mit Sonnenblumenkernen bestreuen.

Fleischgerichte

Schweinerücken mit Johannisbeersoße

Marinade:
1 Zwiebel,
1/4 l Himbeeressig,
3/4 l Wasser,
10 schwarze Pfefferkörner,
1 Lorbeerblatt,
*1 Zweig Majoran ***
*1 kg Schweinerücken ***
*Salz ***
Soße:
*450 g rote Johannisbeeren ***
200 g Crème fraîche,
Senf,
1 TL abgeriebene Orangenschale,
1 EL Zucker,
1/2 TL Chilipfeffer,
*gemahlener Ingwer ***
50 g rote Johannisbeeren

Für die Marinade Zwiebel in Ringe schneiden, mit Essig, Wasser, Pfefferkörnern, Lorbeerblatt und Majoran ankochen und 5 Minuten fortkochen. Marinade erkalten lassen * Die Fettschicht des Schweinerückens rautenförmig einschneiden. Fleisch in die Marinade legen und 24 Stunden durchziehen lassen, gelegentlich wenden * Fleisch trockentupfen, salzen, in einen Bräter geben und in den kalten Backofen setzen.
Einsetzen: unten.
Temperatur: 220 °C / Stufe 4 bis 5 / 50 bis 60 Minuten.
Braten mehrmals mit etwas Marinade begießen. Braten herausnehmen und warm stellen * Für die Soße Johannisbeeren pürieren und durch ein Sieb streichen * Etwa 6 EL Bratenfond mit Crème fraîche, Senf, Orangenschale und Zucker aufkochen. Johannisbeerpüree dazugeben und mit Chilipfeffer und Ingwer abschmecken * Johannisbeeren in die Soße geben. Braten aufschneiden und Soße getrennt dazu reichen.
Beilage: Rosmarinkartoffeln.

FLEISCHGERICHTE

Mecklenburger Rippenbraten

1 kg Schweinebrust mit Schwarte (Rippenstück) *
2 Äpfel,
150 g entsteinte Backpflaumen,
50 g Rosinen,
3 Eigelb,
100 g Semmelbrösel,
200 g Schweinemett,
Salz,
Pfeffer,
Zucker *
2 EL Schweineschmalz,
6 EL Wasser *
2 TL Speisestärke

Vom Metzger eine Tasche in die Schweinebrust schneiden lassen * Äpfel schälen, Kerngehäuse entfernen und Äpfel in Spalten schneiden. Äpfel mit Backpflaumen, Rosinen, Eigelb, Semmelbröseln und Mett verkneten und mit Salz, Pfeffer und Zucker pikant abschmecken * Füllung in die Fleischtasche streichen und die Tasche mit Küchengarn zunähen. Schwarte kreuzweise einschneiden. Fleisch mit Salz und Pfeffer einreiben und den Braten mit der Schwarte nach oben in einen mit Schmalz gefetteten Bräter legen. Wasser dazugießen und den offenen Bräter in den kalten Backofen setzen.
Einsetzen: unten.
Temperatur: 200 °C / Stufe 3 bis 4 / 100 bis 110 Minuten.
Währenddessen etwas Wasser nachgießen und den Braten mit dem Fond übergießen * Braten herausnehmen, Bratenfond mit Wasser aufkochen und mit angerührter Speisestärke binden. Soße getrennt zum Braten servieren.
Beilage: Salzkartoffeln oder Kartoffelpüree, Rotkohl.

Marinierter Schweinenacken

Paste:
3 durchgepreßte Knoblauchzehen,
3 EL scharfer Senf,
1 EL Öl,
2 EL Kräuter der Provence,
Salz,
Pfeffer *
1 kg Schweinenacken,
6 EL Wasser *
Mehl,
150 g saure Sahne

Für die Paste die angegebenen Zutaten verrühren * Fleisch mit der Paste einreiben und 24 Stunden einziehen lassen * Fleisch mit Wasser in einen Bräter geben und das geschlossene Gefäß in den kalten Backofen setzen.
Einsetzen: unten.
Temperatur: 250 °C / Stufe 6 / 90 bis 100 Minuten.
Braten herausnehmen und warm stellen * Bratenfond mit Wasser auffüllen, aufkochen, mit angerührtem Mehl binden, Sahne dazugeben und abschmecken.
Beilage: Salzkartoffeln.

FLEISCHGERICHTE

Schweineschnitzel in Sherrysoße

*4 Schweineschnitzel
(je etwa 200 g),
Knoblauchpulver,
Pfeffer,
2 EL Öl *
2 EL Fett,
Salz *
2 bis 3 Zwiebeln,
250 g Champignons,
1 rote Paprikaschote,
1/8 bis 1/4 l Brühe,
1/8 l trockener Sherry *
2 EL Crème fraîche,
brauner Soßenbinder oder Mehl*

Schnitzel mit Knoblauchpulver und Pfeffer einreiben, Öl darübergeben und etwa 2 Stunden durchziehen lassen * Fett erhitzen, Schnitzel von beiden Seiten darin anbraten. Schnitzel salzen und warm stellen * Zwiebeln in Würfel schneiden und im Bratfett glasig dünsten. Champignons blättrig, Paprikaschote in Würfel schneiden, beides zu den Zwiebeln geben und dünsten. Brühe und Sherry angießen und aufkochen. Schnitzel dazugeben und etwa 10 Minuten dünsten * Crème fraîche zur Soße geben, mit Soßenbinder oder angerührtem Mehl binden und abschmecken.
Beilage: Kroketten, Endiviensalat.

Schweinelendchen mit Rotweinsoße

*750 g Schweinefilet,
Pfeffer,
Mehl,
2 EL Butterschmalz,
Salz *
Soße:
2 mittelgroße Zwiebeln,
12 große Champignons,
1/2 Tasse herber Rotwein *
200 g süße Sahne oder
Crème fraîche,
Salz,
Pfeffer,
Tabasco,
1 Bund Petersilie, gehackt*

Schweinefilet in 3 cm dicke Scheiben schneiden. Medaillons von beiden Seiten mit Pfeffer würzen und mit Mehl bestäuben. Butterschmalz erhitzen, Medaillons 4 bis 5 Minuten darin braten und salzen. Medaillons herausnehmen und warm stellen * Für die Soße Zwiebeln in Würfel, Champignons in Scheiben schneiden, beides in das heiße Bratfett geben und andünsten. Rotwein angießen und 10 bis 15 Minuten dünsten * Sahne oder Crème fraîche unterrühren und mit Salz, Pfeffer und Tabasco pikant abschmecken. Soße mit Petersilie bestreuen und getrennt zum Fleisch reichen.
Beilage: Wildreis.

FLEISCHGERICHTE

Schweinefilet Balkanart
Foto

600 bis 750 g Schweinefilet,
3 bis 4 EL Sojasoße *
1 EL Fett *
1 Knoblauchzehe,
2 Zwiebeln,
1 rote Paprikaschote,
250 g Champignons,
Salz,
Pfeffer,
Zucker *
1 Gewürzgurke,
200 g saure Sahne *
1 EL gehackte Petersilie

Filet in 1/2 cm dicke Scheiben schneiden und 20 bis 30 Minuten in Sojasoße marinieren * Fett erhitzen, Fleischscheiben von beiden Seiten darin anbraten, herausnehmen und warm stellen * Knoblauchzehe durchpressen, Zwiebeln in Ringe, Paprikaschote in Streifen und Champignons blättrig schneiden. Alles in das heiße Bratfett geben und 5 bis 7 Minuten dünsten. Mit Salz, Pfeffer und Zucker würzen * Gurke in Scheiben schneiden, mit Sahne und Fleisch zum Gemüse geben und etwa 10 Minuten dünsten * Abschmecken und mit Petersilie bestreut servieren.
Beilage: Reis, Salatplatte.

Schweinefilet mit Champignon-Cognac-Soße

2 Schweinefilets (je etwa 400 g),
Salz,
weißer Pfeffer *
250 g Champignons,
1 EL Butter,
Salz,
Pfeffer *
1 EL Butterschmalz *
200 g süße Sahne,
Salz,
Pfeffer,
2 EL Cognac

Filets mit Salz und Pfeffer würzen * Champignons blättrig schneiden. Butter erhitzen, 150 g Champignons mit Salz und Pfeffer 10 Minuten darin dünsten * Butterschmalz erhitzen, Fleisch von allen Seiten darin anbraten. Restliche Champignons dazugeben und 20 bis 25 Minuten schmoren * Fleisch herausnehmen, Champignonmasse mit Sahne pürieren und durch ein Haarsieb streichen. Gedünstete Champignons mit der Pilzbrühe zur Soße geben und mit Salz, Pfeffer und Cognac abschmecken. Fleisch in Scheiben schneiden und mit Soße auf einer Platte anrichten.
Beilage: Petersilienkartoffeln oder grüne Nudeln.

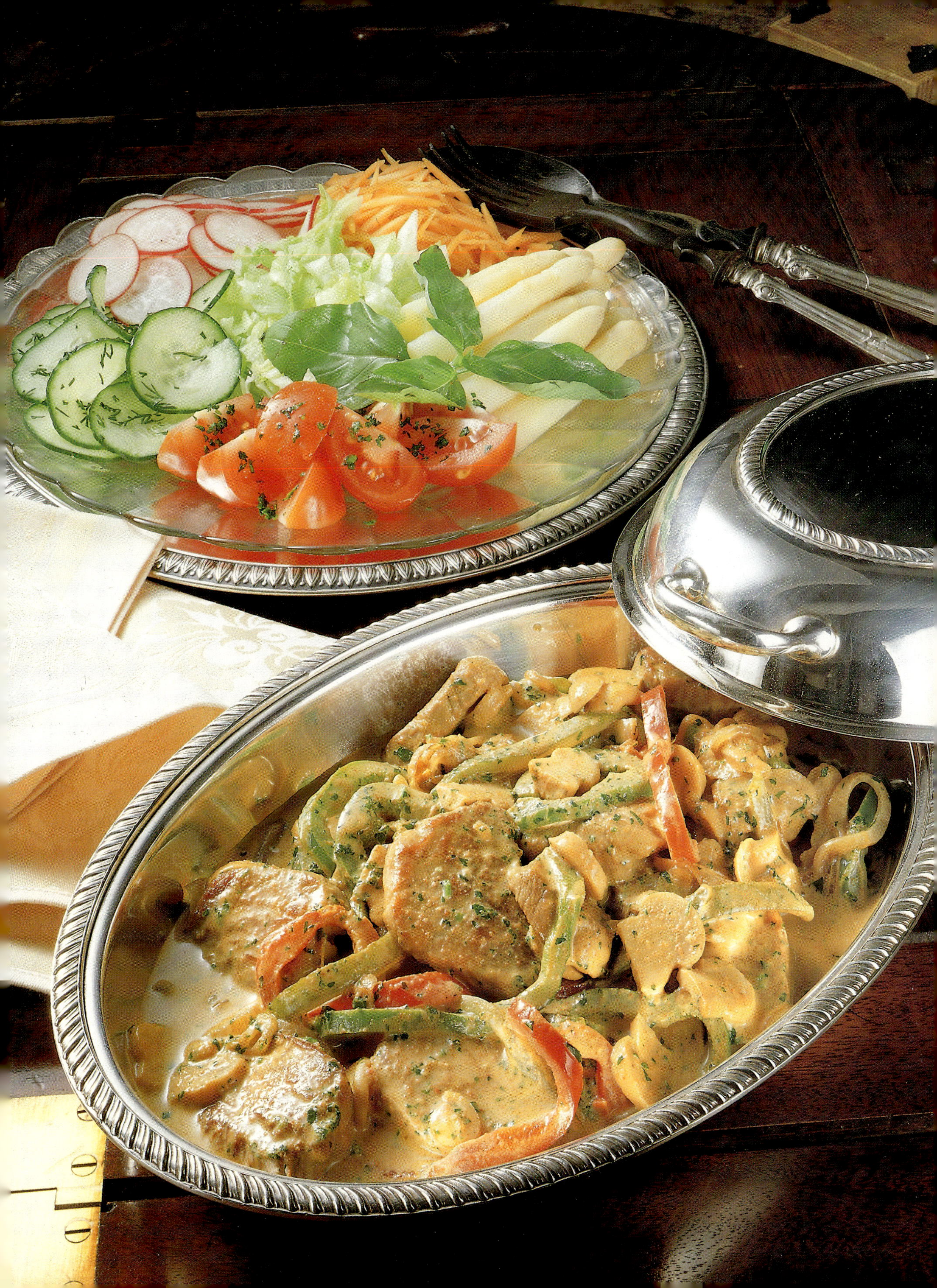

FLEISCHGERICHTE

Eisbein

2 bis 2,5 kg gepökeltes Eisbein,
1 bis 2 Zwiebeln,
1 Prise Zucker,
5 Gewürzkörner,
4 Pfefferkörner,
2 Lorbeerblätter,
Salz

Eisbein vom Metzger portionieren lassen. Eisbeinstücke mit Zwiebeln und Gewürzen in einen Kochtopf geben und so viel Wasser angießen, daß das Eisbein bedeckt ist. Ankochen und 60 bis 75 Minuten fortkochen, bis sich das Fleisch leicht vom Knochen lösen läßt.
Beilage: Salzkartoffeln, Sauerkraut, Erbspüree.

Sauerbraten sächsische Art

1 kg Rinderhüfte oder Bug *
Marinade:
1/2 l Wasser,
1/4 l Essig,
3 Zwiebeln,
1 Lorbeerblatt,
6 Nelken,
8 Wacholderbeeren,
1 TL Pfefferkörner,
Zucker *
Salz *
1 EL Fett,
3 Zwiebeln,
6 Nelken,
1 Lorbeerblatt,
8 Wacholderbeeren,
1 TL Pfefferkörner,
2 EL Apfelkraut *
Speisestärke

Fleisch in einen hohen Kochtopf legen * Für die Marinade Wasser mit Essig, in Ringe geschnittenen Zwiebeln, Lorbeerblatt, Nelken, Wacholderbeeren und Pfefferkörnern aufkochen, mit Zucker abschmecken und abkühlen lassen. Marinade über das Fleisch gießen und bei gelegentlichem Wenden 4 bis 5 Tage durchziehen lassen * Fleisch herausnehmen, trockentupfen und salzen. Marinade durch ein Sieb gießen * Fett erhitzen, Fleisch von allen Seiten scharf darin anbraten. Mit Marinade bedecken, frische Zwiebelringe, Nelken, Lorbeerblatt, Wacholderbeeren, Pfefferkörner und Apfelkraut dazugeben und etwa 90 Minuten schmoren * Bratenfond durch ein Haarsieb gießen und mit etwas angerührter Speisestärke binden. Eventuell mit Salz und Apfelkraut abschmecken.
Beilage: Kartoffelklöße oder Nudeln.

FLEISCHGERICHTE

Marinierte Rindersteaks

Marinade:
4 bis 5 EL Öl,
2 Knoblauchzehen,
1 Zwiebel,
1 Zweig Rosmarin,
2 EL Senf,
Pfeffer ∗
4 Rindersteaks (je etwa 200 g) ∗
2 EL Fett,
Salz,
Pfeffer

Aus Öl, durchgepreßten Knoblauchzehen, Zwiebelringen, feingehacktem Rosmarin, Senf und Pfeffer eine Marinade bereiten ∗ Fleisch hineinlegen und 12 bis 24 Stunden durchziehen lassen ∗ Fett erhitzen, Fleisch trockentupfen und von jeder Seite etwa 3 Minuten darin braten. Mit Salz und Pfeffer würzen.
Beilage: Bratkartoffeln, Tomatensalat.

Rouladen mit Schinken-Käse-Füllung

4 Rinderrouladen,
Salz,
Pfeffer,
Senf,
Tomatenketchup,
4 Scheiben gekochter Schinken,
4 Scheiben Emmentaler Käse ∗
50 g fetter Speck,
1/4 bis 3/8 l Brühe ∗
Mehl,
125 g saure Sahne

Rouladen mit Salz und Pfeffer würzen und mit Senf und Tomatenketchup bestreichen. Mit Schinken und Käse belegen, aufrollen und zusammenstecken ∗ Speck in Würfel schneiden und auslassen. Rouladen hineingeben und kräftig anbraten. Brühe angießen und 60 bis 70 Minuten schmoren ∗ Rouladen herausnehmen und warm stellen. Soße mit angerührtem Mehl binden, Sahne unterrühren und abschmecken.
Beilage: Kartoffeln, Rotkohl.

FLEISCHGERICHTE

Gefülltes Roastbeef

1 kg Ochsenroastbeef *
250 g Wiesenchampignons,
4 Frühlingszwiebeln,
1/8 l Madeira oder Portwein,
abgeriebene Schale von 1 Zitrone,
Salz,
schwarzer Pfeffer *
1 EL Paniermehl

Fleisch in der Mitte bis knapp an die Kante einschneiden * Champignons und Frühlingszwiebeln in sehr feine Würfel schneiden. Pilze und Wein in einen Kochtopf geben und offen etwa 15 Minuten dünsten. Frühlingszwiebeln und Zitronenschale dazugeben, mit Salz und Pfeffer kräftig abschmecken * Das Fleisch aufklappen und mit zwei Dritteln der Masse füllen. Fleisch zusammenklappen und mit restlicher Masse bestreichen. Mit Paniermehl bestreuen und in die Fettpfanne legen. In den vorgeheizten Backofen setzen.
Einsetzen: unten.
Temperatur: 200 °C / Stufe 3 bis 4 / 40 bis 50 Minuten.
Beilage: Kartoffeln, Blattsalat.

Feuriger Pfefferbraten

(für 6 Personen)
1 bis 2 EL eingelegter grüner Pfeffer,
1/2 TL Paprika,
1 Messerspitze Koriander,
1,5 kg Rindfleisch aus der Keule *
40 g Fett *
2 Möhren,
2 Zwiebeln,
2 Nelken,
2 Lorbeerblätter,
1 TL Salz,
1 Scheibe Vollkornbrot,
1/8 l Brühe *
100 g Crème fraîche

Abgetropften grünen Pfeffer mit einer Gabel zerdrücken und mit Paprika und Koriander mischen. Fleisch mit der Gewürzmischung einreiben * Fleisch in einen Bräter legen, Fett dazugeben und den geschlossenen Bräter in den kalten Backofen setzen.
Einsetzen: unten.
Temperatur: 240 °C / Stufe 5 bis 6 / 100 bis 120 Minuten, 10 Minuten 0 *
Möhren und Zwiebeln kleinschneiden und mit Nelken, Lorbeerblättern, Salz, kleingeriebenem Brot und Brühe nach 50 bis 60 Minuten Bratdauer zum Braten geben * Braten herausnehmen und warm stellen. Bratenfond eventuell mit etwas Flüssigkeit auffüllen und pürieren. Crème fraîche unterrühren und abschmecken.
Beilage: Salzkartoffeln, grüne Bohnen.

Pikant gefüllte Kalbsbrust

*1,5 kg Kalbsbrust ohne Knochen,
1 TL Salz,
1/2 TL Pfeffer,
abgeriebene Schale von 1 Zitrone,
150 g geräucherter durchwachsener Speck in Scheiben **
*Füllung:
100 g Paniermehl,
2 Eier,
150 g Crème fraîche,
50 g geriebener Käse,
2 EL gehackte glatte Petersilie **
50 g Margarine *
*1/2 l Brühe,
1 Zwiebel,
1 Bund Suppengrün **
*1/4 l Weißwein,
125 g süße Sahne,
2 EL trockener Sherry,
Mehl*

Kalbsbrust möglichst flach drücken und mit Salz, Pfeffer und Zitronenschale bestreuen. Speckscheiben darüberlegen * Für die Füllung die angegebenen Zutaten verrühren. Masse auf die Kalbsbrust streichen, diese aufrollen und zusammenstecken oder zusammenbinden * Kalbsbrust in einen mit Margarine ausgestrichenen Bräter legen und das geschlossene Gefäß in den kalten Backofen setzen.
Einsetzen: unten.
Temperatur: 220 °C / Stufe 4 bis 5 / 80 bis 90 Minuten * Nach 30 Minuten Gardauer Brühe angießen, in Viertel geschnittene Zwiebel und kleingeschnittenes Suppengrün dazugeben * Fleisch herausnehmen und warm stellen. Bratenfond mit Wein auffüllen, aufkochen und mit in Sahne und Sherry angerührtem Mehl binden. Soße abschmecken und durch ein Sieb streichen.
Beilage: Salzkartoffeln, Möhren.

FLEISCHGERICHTE

Kalbsnuß in Rieslingrahm

1 kg Kalbsnuß,
Salz,
Pfeffer,
*40 g Butterschmalz ***
*4 Schalotten ***
*1/4 l Weißwein (Riesling) ***
250 g Crème fraîche,
Salz

Fleisch mit Salz und Pfeffer einreiben. Butterschmalz erhitzen und Fleisch von allen Seiten darin anbraten * Schalotten in Würfel schneiden, zum Fleisch geben und ebenfalls kurz braten * Wein dazugeben und das Fleisch 50 Minuten schmoren * Fleisch herausnehmen und warm stellen. Bratenfond mit Crème fraîche verrühren und Soße mit Salz abschmecken. Kalbsnuß in Scheiben schneiden, auf einer großen Platte anrichten und mit der Rieslingrahmsoße begießen.
Beilage: Spätzle, Pfifferlinge.

Kalbsleber Berliner Art

4 Zwiebeln,
2 Äpfel,
4 Scheiben Kalbsleber
(je etwa 150 g),
eventuell Pfeffer,
*20 g Mehl ***
40 g Butterschmalz,
Salz

Zwiebeln in Ringe, Äpfel in 1 cm dicke Scheiben schneiden. Leberscheiben eventuell mit Pfeffer bestreuen und in Mehl wenden, nicht übereinanderlegen * Die Hälfte des Butterschmalzes erhitzen, Apfelscheiben von beiden Seiten hellbraun darin anbraten. Herausnehmen und warm stellen. Anschließend Zwiebelringe darin braten, herausnehmen und warm stellen * Restliches Buttterschmalz erhitzen und Leberscheiben von beiden Seiten 3 bis 4 Minuten darin braten. Leber erst nach dem Braten salzen, da sie sonst hart wird. Leber auf einer Platte anrichten und mit Apfelscheiben und Zwiebelringen belegen.
Beilage: Kartoffelpüree, Blattsalat.

Fleischgerichte

Lammgulasch mit Nieren

*4 Lammnieren *
800 g Lammschulter,
2 EL Fett *
250 g Schalotten *
1 Fleischtomate,
Basilikum,
Salz,
3 EL Honig,
3 EL Weinessig,
2 EL Worcestersoße,
2 EL Tomatenmark,
1/8 l Brühe *
Eventuell Mehl*

Nieren etwa 30 Minuten in kaltes Wasser legen * Lammschulter in Würfel schneiden. Fett erhitzen und Lammwürfel darin von allen Seiten anbraten * Ganze Schalotten dazugeben und anbraten * Nieren und Tomate kleinschneiden und mit Basilikum, Salz, Honig, Essig, Worcestersoße und Tomatenmark hinzufügen. Brühe angießen, aufkochen und etwa 50 Minuten schmoren * Gulasch eventuell mit angerührtem Mehl binden und abschmecken.
Beilage: Reis, Eisbergsalat.

Hammelfleisch mit grünen Bohnen

*2 Zwiebeln,
1 Knoblauchzehe,
1 kg Hammelrippchen,
Salz,
Pfeffer,
1 Lorbeerblatt,
1 Nelke,
Gewürzkörner *
1 kg grüne Bohnen,
Salz,
Pfeffer,
Bohnenkraut *
75 g Bauchspeck,
4 Zwiebeln,
Mehl *
Gehackte Petersilie*

Zwiebeln in Ringe schneiden, Knoblauchzehe hacken. Rippchen mit Zwiebeln, Knoblauch, Salz, Pfeffer, Lorbeerblatt, Nelke und Gewürzkörnern in einen Kochtopf schichten. So viel Wasser angießen, daß die Rippchen bedeckt sind, ankochen und 60 Minuten fortkochen * Rippchen herausnehmen und warm stellen. Brühe durch ein Sieb gießen * Bohnen in Stücke brechen, mit Salz, Pfeffer und Bohnenkraut in die Hammelbrühe geben und 20 Minuten fortkochen * Speck und Zwiebeln in Würfel schneiden. Speck auslassen, Zwiebeln darin andünsten. Mehl hinzufügen und eine kräftige Schwitze bereiten. Mit Bohnenwasser ablöschen * Bohnen in die Soße geben, abschmecken und mit Petersilie bestreuen. Bohnen zu den Rippchen servieren.
Beilage: Salzkartoffeln.

Fleischgerichte

Bratwurst in Biersoße

4 bis 6 Bratwürste,
1 EL Fett *
1 Flasche Braunbier,
4 EL Soßen-Pfefferkuchen,
Salz,
Pfeffer,
Zucker,
Zitronensaft

Bratwürste mit kochendem Wasser überbrühen, damit sie beim Braten nicht platzen. Fett erhitzen, Bratwürste trockentupfen und darin braun braten. Bratwürste herausnehmen und warm stellen * Bier vorsichtig in das Bratfett gießen, mit Pfefferkuchen binden und mit Salz, Pfeffer, Zucker und Zitronensaft kräftig abschmecken. Bratwürste kurz in der Biersoße ziehen lassen.
Beilage: Quetschkartoffeln mit ausgelassenen Speckwürfeln.

Tip: Statt Bratwurst Buletten 10 Minuten in der Biersoße ziehen lassen.

Buletten

2 Schrippen (Brötchen),
Milch oder Wasser *
1 Zwiebel,
500 g gemischtes Hackfleisch,
1 Ei,
Salz,
Pfeffer,
Muskat *
Schmalz oder Margarine

Brötchen in Milch oder Wasser einweichen und gut ausdrücken * Zwiebel in feine Würfel schneiden, mit Brötchen, Hackfleisch, Ei und Gewürzen verkneten und krätig abschmecken. Aus dem Fleischteig mit nassen Händen runde Buletten formen und leicht flach drücken * Reichlich Schmalz oder Margarine erhitzen, Buletten darin von beiden Seiten je 5 bis 8 Minuten braten.
Beilage: Salzkartoffeln, Rotkohl.

FLEISCHGERICHTE

Hackfleischklopse mit Meerrettichsoße

3 Scheiben Toastbrot ohne Rinde *
500 g Hackfleisch,
2 Eier,
2 TL Senf,
Salz,
Pfeffer *
1 Zwiebel,
1 Lorbeerblatt,
2 Nelken,
3/4 l Brühe *
Soße:
40 g Butter,
40 g Mehl,
250 g süße Sahne,
50 bis 70 g frisch geriebener Meerrettich,
4 EL Weißwein,
Zitronensaft,
Salz,
Zucker *
1 Bund Schnittlauch

Toastbrot in kaltem Wasser einweichen und ausdrükken * Hackfleisch mit Eiern, Senf, Salz, Pfeffer und Toastbrot verkneten und 12 Klopse daraus formen * Zwiebel mit Lorbeerblatt und Nelken spicken. Brühe mit Zwiebel erhitzen und Klopse darin 15 bis 20 Minuten garziehen lassen. Klopse herausnehmen, Brühe durch ein Sieb gießen und für die Soße 1/4 l Brühe abmessen * Für die Soße Butter erhitzen und Mehl darin kurz andünsten. Unter Rühren Brühe hinzufügen, ankochen und 5 Minuten fortkochen. Sahne und Meerrettich dazugeben, mit Wein, Zitronensaft, Salz und Zucker abschmecken. Klopse in der Soße erwärmen * Schnittlauch in feine Röllchen schneiden. Klopse mit Soße auf Tellern anrichten und mit Schnittlauch bestreuen.
Beilage: Salzkartoffeln, Blattsalat.

FLEISCHGERICHTE

Thüringer Wurstpfanne

6 Thüringer Würstchen,
1 Gemüsezwiebel,
2 EL Öl *
2 Dosen braune Bohnen
(Abtropfgewicht je etwa 400 g) *
200 g Crème fraîche,
Salz,
Pfeffer *
1 Bund Petersilie

Würstchen schräg in Stücke, Zwiebel in Ringe schneiden. Öl erhitzen, Wurst darin anbraten. Zwiebel dazugeben und 5 Minuten braten * Bohnen abtropfen lassen, dazugeben und andünsten * Crème fraîche unterrühren, aufkochen und die Wurstpfanne mit Salz und Pfeffer würzen * Petersilie hacken und unterheben.
Beilage: Bauernbrot, Blattsalat.

Kleiner Wursttopf

500 g Fleischwurst,
250 g Zwiebeln,
30 g Fett *
1 Dose Brechbohnen
(Abtropfgewicht etwa 230 g),
1 Glas eingelegte Paprikastreifen
(Abtropfgewicht etwa 125 g),
1/8 l Schaschliksoße,
5 EL Wasser,
1/2 TL getrocknetes Bohnenkraut *
Salz,
Cayennepfeffer

Fleischwurst in Scheiben, Zwiebeln in feine Ringe schneiden. Fett erhitzen, Wurst und Zwiebeln 5 Minuten darin braten * Bohnen und Paprikastreifen abtropfen lassen, mit Schaschliksoße, Wasser und Bohnenkraut hinzufügen und 10 bis 15 Minuten schmoren * Mit Salz und Cayennepfeffer scharf abschmecken.
Beilage: Brot oder Nudeln.

Fleischgerichte

Paprikahähnchen

1 Hähnchen (etwa 1 kg),
1 EL Mehl,
2 EL Paprika edelsüß,
Salz,
Pfeffer,
1 Messerspitze gemahlener Ingwer,
1 Messerspitze Knoblauchpulver,
Basilikum *
Fett,
3 EL Tomatenmark,
1 Prise Zucker,
1/2 Tasse Weißwein,
1/2 Tasse Brühe *
Paprika,
200 g saure Sahne,
eventuell Mehl

Hähnchen in vier Teile zerlegen. Mehl mit Gewürzen und Kräutern mischen, Hähnchenteile damit einreiben * Fett erhitzen, Hähnchenteile darin anbraten. Tomatenmark hinzufügen und kurz dünsten. Zucker hinzufügen, Wein und Brühe angießen und 30 bis 40 Minuten schmoren * Soße kräftig mit Paprika abschmecken. Sahne hinzufügen und eventuell mit angerührtem Mehl binden.
Beilage: Reis, Salat.

Bunte Hähnchenpfanne

500 g Hähnchenschnitzel,
100 g geräucherter durchwachsener Speck,
3 EL Fett,
2 Zwiebeln,
1 Knoblauchzehe *
300 g TK-Brokkoli,
1 Dose Champignons (Abtropfgewicht etwa 170 g),
Salz, Pfeffer *
125 g Zöpfli-Nudeln, gegart,
1 Glas Karotten extra fein (Abtropfgewicht etwa 210 g),
125 g süße Sahne *
1 Bund Petersilie

Fleisch in Stücke, Speck in Würfel schneiden. Fett erhitzen, Speck darin auslassen. Fleisch dazugeben und anbraten. Zwiebeln in Würfel schneiden, Knoblauchzehe durchpressen. Beides zum Fleisch geben und glasig dünsten * Brokkoli, abgetropfte Pilze, Salz und Pfeffer hinzufügen und etwa 15 Minuten schmoren * Nudeln, abgetropfte Karotten und Sahne dazugeben, erhitzen und abschmecken * Mit gehackter Petersilie bestreut servieren.
Beilage: Blattsalat.

FLEISCHGERICHTE

Hühnerbrüstchen auf Spinat mit Käse überbacken Foto

3/8 l Hühnerbrühe,
4 Hühnerbrüstchen (je etwa 75 g) *
800 g Spinat,
Salz,
weißer Pfeffer,
Muskat *
20 g Butter oder Margarine,
30 g Mehl *
50 g geriebener Käse

Brühe ankochen, Fleisch hineingeben und 2 bis 3 Minuten fortkochen * Spinat in wenig kochendem Wasser zusammenfallen und abtropfen lassen. Spinat in eine gefettete Auflaufform geben, mit Salz, Pfeffer und Muskat würzen und die Hühnerbrüstchen darauflegen * Aus Butter oder Margarine und Mehl eine helle Mehlschwitze bereiten, mit 1/4 l Brühe ablöschen und aufkochen * Etwas Soße über das Fleisch gießen, mit Käse bestreuen und die Form in den vorgeheizten Backofen setzen, bis der Käse geschmolzen ist.
Einsetzen: Mitte.
Temperatur: 200 °C / Stufe 3 bis 4 / 5 bis 6 Minuten.
Restliche Soße getrennt dazu reichen.
Beilage: Salzkartoffeln.

Hühnerfrikassee mit Estragon

1 Huhn (etwa 1,5 kg),
1 Bund Suppengrün,
1 Zwiebel,
1 Lorbeerblatt,
Salz,
1 1/2 l Wasser *
Soße:
40 g Butter,
50 g Mehl,
1/2 l Hühnerbrühe,
1 TL Estragonblätter,
Salz,
Pfeffer,
1 TL Zitronensaft,
abgeriebene Zitronenschale,
125 g süße Sahne

Huhn mit grob zerkleinertem Suppengrün, Zwiebelvierteln, Lorbeerblatt, Salz und Wasser ankochen und 80 bis 90 Minuten fortkochen. Huhn herausnehmen, Haut entfernen, Fleisch von den Knochen lösen und in mundgerechte Stücke schneiden * Für die Soße Butter erhitzen, Mehl darin andünsten und mit Brühe unter Rühren ablöschen. Fleisch und Estragon hinzufügen und erhitzen. Mit Salz, Pfeffer, Zitronensaft und Zitronenschale abschmecken und mit Sahne verfeinern.
Beilage: Reis mit Erbsen.

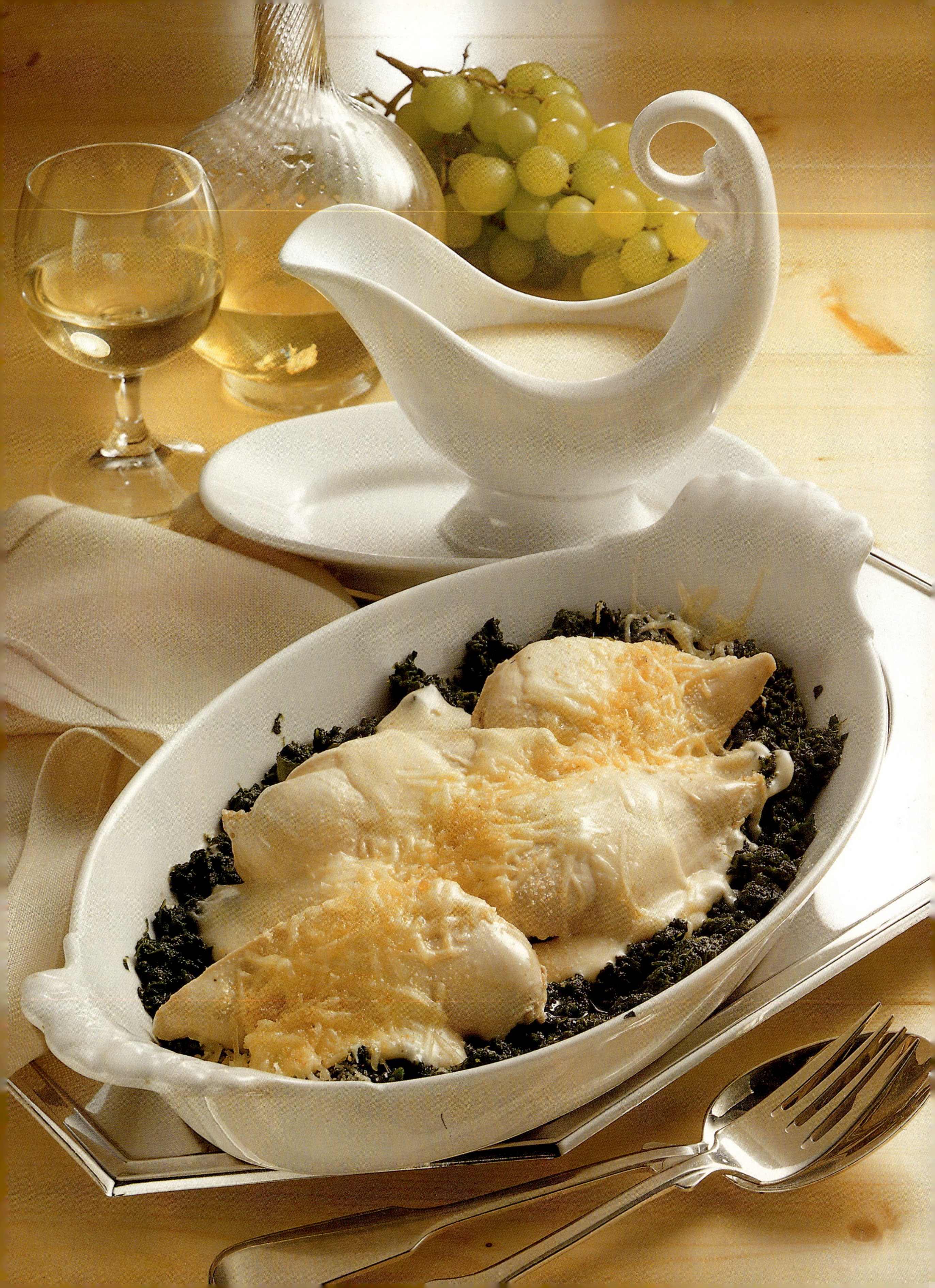

FLEISCHGERICHTE

Hähnchenbrust Steglitzer Art

*4 Hähnchenbrustfilets
(je etwa 200 g),
Salz,
Pfeffer,
1/4 TL Zimt,
30 g Butterschmalz *
2 Zwiebeln,
250 g Champignons,
250 g Austernpilze,
30 g Butterschmalz,
1/4 l Gemüsebrühe,
Salz,
Pfeffer *
2 EL Mehl,
Salz,
Pfeffer,
Worcestersoße,
125 g süße Sahne *
1 Bund Petersilie*

Hähnchenbrustfilets mit einer Mischung aus Salz, Pfeffer und Zimt einreiben. Butterschmalz erhitzen, Filets darin anbraten, herausnehmen und warm stellen * Zwiebeln in Würfel, Champignons und Austernpilze in Scheiben schneiden. Butterschmalz erhitzen, Zwiebeln und Pilze darin andünsten. Brühe angießen, Filets dazugeben, aufkochen, mit Salz und Pfeffer würzen und 10 bis 15 Minuten fortkochen * Mit angerührtem Mehl binden, mit Salz, Pfeffer und Worcestersoße abschmecken und mit Sahne verfeinern * Mit gehackter Petersilie bestreut servieren.
Beilage: Kartoffelpüree oder Reis.

Fleischgerichte

Putenkeule in Buttermilch

1/2 l Buttermilch,
Saft von 1 Zitrone,
1 Putenoberkeule (etwa 1,2 kg) *
1/2 TL Senfkörner,
1/2 TL Pfefferkörner,
1/2 TL Salbei,
Salz,
1 EL Senf *
2 große Stangen Porree,
3 Peperoni,
1/4 l Gemüsebrühe *
1 bis 2 EL Speisestärke,
Salz,
Pfeffer

Buttermilch mit Zitronensaft mischen, über das Fleisch gießen und 24 Stunden kühl stellen * Putenkeule herausnehmen und trockentupfen. Senf- und Pfefferkörner grob zerstoßen, mit Salbei und Salz mischen und Putenkeule damit einreiben. Keule in einen Bräter legen. 150 ml Buttermilch-Marinade mit Senf verrühren, dazugießen und das geschlossene Gefäß in den kalten Backofen setzen.
Einsetzen: unten.
Temperatur: 250 °C / Stufe 6 / 80 bis 90 Minuten, 5 bis 10 Minuten 0 *
Porree in Ringe schneiden, Peperoni fein hacken und nach 60 Minuten Bratdauer zum Fleisch geben. Brühe dazugießen und Putenkeule fertigbraten * Fleisch herausnehmen und warm stellen. Bratenfond mit etwas Flüssigkeit aufkochen und mit angerührter Speisestärke binden. Soße mit Salz und Pfeffer abschmecken und getrennt zur Putenkeule servieren.
Beilage: Spätzle oder Kartoffelklöße.

Gefüllte Putenschnitzel

4 Putenschnitzel (je etwa 180 g),
Salz,
Zitronenpfeffer *
4 große Scheiben Lachsschinken,
75 g Kräuterfrischkäse *
2 EL Mehl,
2 Eier,
175 g Mandelblättchen *
3 EL Öl

Putenschnitzel mit Salz und Pfeffer würzen * Schinkenscheiben mit Frischkäse bestreichen, zusammenfalten und die Schnitzel jeweils zur Hälfte damit belegen. Die anderen Seiten darüberklappen und mit Spießen feststecken * Schnitzel nacheinander in Mehl, verquirlten Eiern und Mandeln wenden * Öl erhitzen und Putenschnitzel darin von beiden Seiten braten.
Beilage: Schwenkkartoffeln, Brokkoli.

Fleischgerichte

Puten-Gurken-Pfanne

400 g Putenbrust,
1 Salatgurke,
1 EL Butter,
Salz,
Pfeffer,
Cayennepfeffer *
150 g Schmand,
1 EL Speisestärke *
1 Bund Dill

Putenfleisch in Würfel schneiden. Salatgurke eventuell schälen, längs halbieren, entkernen und in Scheiben schneiden. Butter erhitzen, Fleisch darin goldbraun braten. Gurkenscheiben hinzufügen und andünsten. Mit Salz und Pfeffer abschmecken. Fleisch und Gurken aus der Pfanne nehmen und warm stellen * Schmand und Speisestärke in das Bratfett rühren und kurz aufkochen lassen. Fleisch und Gurken wieder hinzufügen * Dill hacken und die Puten-Gurken-Pfanne damit bestreuen.
Beilage: Kartoffelpüree.

Honig-Ente

1 Ente (1,5 bis 2 kg),
Salz,
3 EL Wasser *
1 EL Honig,
Saft von 1/2 Zitrone *
2 EL Honig,
1/2 TL Pfeffer,
1/2 TL gemahlene Nelken,
1/2 TL Muskat,
1/2 TL gemahlener Ingwer,
1/8 l Brühe *
Mehl,
125 g süße Sahne,
Salz,
Pfeffer,
Honig,
Zitronensaft

Ente innen salzen und mit Wasser in einen Bräter geben * Honig mit Zitronensaft verrühren und die Ente rundherum damit bepinseln. Den geschlossenen Bräter in den kalten Backofen setzen.
Einsetzen: unten.
Temperatur: 250 °C / Stufe 6 / 100 bis 120 Minuten, 10 Minuten 0 *
Honig und Gewürze zu einer Paste verrühren, die Ente nach 50 bis 60 Minuten Bratdauer damit bestreichen und die Brühe angießen * Ente herausnehmen und warm stellen. Bratenfond mit Wasser zur gewünschten Soßenmenge auffüllen, aufkochen und mit angerührtem Mehl binden. Soße mit Sahne verfeinern und mit Salz, Pfeffer, Honig und Zitronensaft abschmecken.
Beilage: Kartoffelklöße.

FLEISCHGERICHTE

Krosse Entenbrüste mit Kaffeesoße

2 Entenbrüste (je etwa 400 g),
Salz,
Pfeffer *
1 Zwiebel,
1 kleine Möhre,
50 g Sellerieknolle,
1/4 Stange Porree,
1/8 l Wasser,
5 EL Rotwein *
20 g Butter,
1 EL Zucker,
2 EL Orangensaft,
125 g süße Sahne,
3/4 EL löslicher Kaffee,
Salz,
Pfeffer

Fett, Sehnen und überstehende Hautlappen von den Entenbrüsten abschneiden und beiseite legen. Entenbrüste mit Salz und Pfeffer einreiben. Fleisch mit der Hautseite nach unten in einem Bräter auf der Kochstelle anbraten, dann das Fleisch wenden und das offene Gefäß in den vorgeheizten Backofen setzen.
Einsetzen: unten.
Temperatur: 220 °C / Stufe 4 bis 5 / 15 bis 20 Minuten, 5 bis 10 Minuten 0.
Entenbrüste herausnehmen und warm stellen * Zwiebel, Möhre und Sellerie in Würfel, Porree in Streifen schneiden. Fleischabschnitte und kleingeschnittenes Gemüse anbraten, Wasser und Rotwein dazugeben, aufkochen und 20 Minuten fortkochen. Fond durch ein Sieb geben und entfetten * Butter und Zucker in einen Kochtopf geben und karamelisieren. Mit dem Fond ablöschen. Orangensaft, Sahne und Kaffee unterrühren, Soße mit Salz und Pfeffer abschmecken. Fleisch mit der Soße auf Tellern anrichten.
Beilage: Reis.

Entenbrust auf Pfeffer-Sahnesoße

2 Entenbrüste (je etwa 400 g),
Salz,
Pfeffer,
1 Messerspitze Salbei,
1 TL mittelscharfer Senf *
1/8 l Rotwein *
250 g süße Sahne,
1 EL scharfer Senf,
Salz,
Pfeffer,
Zucker *
2 EL eingelegter grüner Pfeffer

Entenbrüste auf der mageren Seite mit Salz, Pfeffer und Salbei einreiben, mit Senf bestreichen und 60 Minuten kühl stellen * Entenbrüste mit der fetten Seite nach unten braten. Ist das Fett ausgebraten und die Seite kräftig gebräunt, die Brust wenden und die magere Seite anbraten. Mit Rotwein ablöschen und 20 Minuten schmoren * Entenbrüste herausnehmen und warm stellen. Bratenfond entfetten. Sahne mit Senf, Salz, Pfeffer und Zucker verrühren, zum Bratenfond geben, aufkochen und abschmecken * Entenbrüste in Scheiben schneiden. Abgetropften Pfeffer in die Soße geben, Soße auf Teller verteilen und die Fleischscheiben darauf anrichten.
Beilage: Herzoginkartoffeln, Bohnen.

Gänsebraten mit Äpfeln

(für 6 Personen)
1 Gans (2,5 bis 3 kg),
Salz *
1 kg Äpfel (z. B. Boskop),
1 EL Zucker,
1 TL Beifuß *
6 EL Wasser *
Mehl

Gans innen mit Salz einreiben und in einen Bräter geben * Äpfel in Spalten schneiden, mit Zucker und Beifuß mischen, in die Bauchhöhle der Gans füllen und diese zustecken * Wasser dazugeben und das geschlossene Gefäß in den kalten Backofen setzen. Einsetzen: unten.
Temperatur: 250 °C / Stufe 6 / 150 bis 180 Minuten, 10 Minuten 0.
Während des Bratens mehrmals in die fette Haut unter den Keulen stechen, damit das Fett ausbrät. Fett vom Bratenfond abschöpfen. Die letzten 20 Minuten offen fertigbraten, damit die Haut braun und kroß wird * Gans herausnehmen und warm stellen. Bratenfond entfetten, mit Wasser zur gewünschten Soßenmenge auffüllen und aufkochen. Mit angerührtem Mehl binden und mit etwas Füllung abschmecken.
Beilage: Salzkartoffeln, Rotkohl.

Fleischgerichte

Gänseragout

1 kg Gänseteile,
1 EL Gänseschmalz,
20 kleine Zwiebeln,
30 g getrocknete Steinpilze
(eingeweicht),
2 Knoblauchzehen,
1/2 l Rotwein,
Salz,
Pfeffer *
200 g Möhren,
200 g Bratwurstrohmasse *
1/8 l Wasser,
1 EL Speisestärke,
Salz,
Pfeffer

Haut von den Gänseteilen ablösen und beiseite legen. Gänsefleisch in Würfel schneiden. Schmalz erhitzen, Fleisch darin anbraten. Ganze Zwiebeln hinzufügen und kurz mitbraten. Abgetropfte Steinpilze, durchgepreßte Knoblauchzehen, Rotwein, Salz und Pfeffer dazugeben, aufkochen und 40 Minuten fortkochen * Möhren in Scheiben schneiden, Bratwurstmasse zu Klößchen formen, zum Fleisch geben und 20 Minuten fortkochen * Ragout mit in Wasser angerührter Speisestärke binden, mit Salz und Pfeffer abschmecken * Gänsehaut in Streifen schneiden, kräftig anbraten und vor dem Servieren über das Ragout geben.
Beilage: Kartoffelklöße, Rotkohl.

Fasan mit Portweinpflaumen

200 g Kurpflaumen,
1/4 l Portwein *
1 Fasan,
Salz,
Pfeffer,
Majoran,
Thymian,
Fett *
1/4 l Brühe *
125 g süße Sahne,
Mehl

Pflaumen etwa 12 Stunden im Portwein einweichen * Fasan in vier Stücke zerlegen und mit Salz, Pfeffer, Majoran und Thymian einreiben. Fett erhitzen, Fasan darin anbraten * Brühe angießen, ankochen und 45 bis 60 Minuten schmoren. 10 Minuten vor Ende der Gardauer Pflaumen und Portwein dazugeben * Soße mit in Sahne angerührtem Mehl binden.
Beilage: Spätzle, Salat.

FLEISCHGERICHTE

Rehgeschnetzeltes ungarische Art

*500 g Rehkeule ohne Knochen
oder Rehblatt,
50 g Fett *
2 Zwiebeln,
1 grüne Paprikaschote,
1 rote Paprikaschote,
Salz,
Pfeffer,
Paprika,
1/4 l Brühe *
100 g eingelegte rote Bete,
1 Gewürzgurke *
2 TL Speisestärke,
2 EL saure Sahne *
Petersilie*

Fleisch in dünne Streifen schneiden. Fett erhitzen und Fleisch darin anbraten * Fleisch herausnehmen. Zwiebeln in Ringe schneiden, in das Bratfett geben und goldgelb dünsten. Paprikaschoten in Streifen schneiden, hinzufügen und kurz dünsten. Mit Salz, Pfeffer und Paprika würzen, Brühe angießen und etwa 15 Minuten fortkochen * Rote Bete und Gurke in Streifen schneiden, mit den Fleischstreifen zum Gemüse geben und weitere 10 Minuten fortkochen * Mit in Sahne angerührter Speisestärke binden und aufkochen * Mit gehackter Petersilie bestreut servieren.
Beilage: Kartoffelknödel.

FLEISCHGERICHTE

Wildragout

1 kg Wildfleisch,
50 g Fett *
1/8 l Rotwein,
4 Wacholderbeeren,
2 Lorbeerblätter,
Salz,
Pfeffer,
Thymian,
3 EL Tomatenketchup,
1 Dose Champignons
(Abtropfgewicht etwa 230 g) *
150 g saure Sahne,
2 EL Johannisbeerkonfitüre,
Saft von 1 Zitrone,
Mehl

Wildfleisch in Stücke schneiden. Fett erhitzen, Fleisch von allen Seiten kräftig darin bräunen * Rotwein, Wacholderbeeren, Lorbeerblätter, Salz, Pfeffer, Thymian, Tomatenketchup und Champignonflüssigkeit dazugeben, ankochen und 60 bis 90 Minuten schmoren * Wacholderbeeren und Lorbeerblätter entfernen. Champignons eventuell in Scheiben schneiden, mit Sahne, Konfitüre und Zitronensaft zum Fleisch geben, mit angerührtem Mehl binden und abschmecken.
Beilage: Spätzle oder Klöße, Salat.

Gebeizte Wildschweinkoteletts

Beize:
5 EL Rotwein,
5 EL Öl,
1 EL Orangensaft,
1 TL Zitronensaft,
3 bis 4 Pfefferkörner,
3 bis 4 zerstoßene Wacholderbeeren,
Rosmarin *
4 doppelte Wildschweinkoteletts
(je etwa 250 g) *
Fett *
250 g süße Sahne,
1 TL Mehl,
Salz,
Gin

Aus den angegebenen Zutaten eine pikante Beize bereiten * Koteletts 24 Stunden darin einlegen, gelegentlich wenden * Fett erhitzen. Koteletts trockentupfen und von beiden Seiten je 4 bis 5 Minuten darin braten. Fleisch herausnehmen und warm stellen * Bratenfond mit Sahne aufkochen und mit angerührtem Mehl binden. Mit Salz, Gin und Beize pikant abschmecken und über das Fleisch gießen.
Beilage: Kroketten, Rosenkohl, Preiselbeeren.

Fischgerichte

Fischgerichte

Bunte Lachspfanne

600 g Lachsfilet *
Marinade:
4 EL Sojasoße,
2 EL Zitronensaft,
2 TL Speisestärke *
1 Bund Frühlingszwiebeln,
250 g Möhren,
1 Knoblauchzehe,
150 g Mungobohnenkeimlinge *
3 EL Sesamöl *
100 ml Brühe,
Salz,
Pfeffer,
1 TL Honig

Lachsfilet in Würfel schneiden * Für die Marinade Sojasoße mit Zitronensaft und Speisestärke verrühren. Lachswürfel darin wenden, zugedeckt kühl stellen und etwa 2 Stunden durchziehen lassen * Frühlingszwiebeln schräg in Streifen, Möhren in dünne Scheiben schneiden. Knoblauchzehe durchpressen. Mungobohnenkeimlinge mit kochendem Wasser überbrühen und abtropfen lassen * Fisch aus der Marinade nehmen und trockentupfen. Öl erhitzen, Fisch darin anbraten und herausnehmen * Gemüse in den Sud geben und 5 Minuten dünsten. Brühe und die restliche Marinade dazugeben, ankochen und 5 Minuten fortkochen. Gemüse mit Salz, Pfeffer und Honig abschmecken. Lachswürfel auf das Gemüse legen und 3 Minuten garziehen lassen.
Beilage: Basmatireis.

Gedünsteter Lachs

4 Lachssteaks,
Saft von 2 Zitronen,
100 ml trockener Weißwein,
2 EL Kapern,
Salz,
Rosmarin *
6 gefüllte Oliven,
1 Knoblauchzehe,
1/2 Bund Petersilie *
1 Zitrone

Lachssteaks in eine Auflaufform legen, mit Zitronensaft und Wein begießen, Kapern darüber verteilen und mit Salz und Rosmarin würzen * Oliven in Scheiben schneiden, Knoblauchzehe durchpressen, Petersilie hacken und alles gleichmäßig über den Fisch verteilen * Zitrone in Scheiben schneiden, diese halbieren und auf den Lachs legen. Die geschlossene Form in den vorgeheizten Backofen setzen.
Einsetzen: Mitte.
Temperatur: 220 °C / Stufe 4 bis 5 / 25 bis 30 Minuten.
Beilage: Kartoffeln.

FISCHGERICHTE

Gefüllte Lachsforellenfilets

4 Lachsforellenfilets (je etwa 200 g),
Saft von 1 Zitrone,
Salz *
200 g Meerrettich-Frischkäse,
100 g Krabben,
1 Päckchen TK-8-Kräuter,
Salz,
Pfeffer

Lachsforellenfilets mit Zitronensaft säuern und salzen * Frischkäse mit Krabben, Kräutern, Salz und Pfeffer mischen und zwischen die Fischfilets streichen. Filets in eine gefettete Auflaufform legen und Form in den kalten Backofen setzen.
Einsetzen: Mitte.
Temperatur: 180 °C / Stufe 2 bis 3 / 35 bis 45 Minuten, 5 bis 10 Minuten 0.
Beilage: Reis oder Baguette.

Lachsforellensteaks mit Brokkoli   Foto

4 Lachsforellensteaks
(je etwa 200 g),
Salz *
1 kg Brokkoli,
1/4 l Gemüsebrühe *
2 kleine Tomaten *
30 g Butterschmalz *
125 g süße Sahne,
Muskat *
125 g süße Sahne,
Salz,
Zitronensaft *
20 g Butter *
1 EL geröstete Mandelblättchen

Lachsforellensteaks salzen * Vom Brokkoli die Stiele in Scheiben schneiden. Brühe ankochen, Brokkolischeiben darin erhitzen, Röschen dazugeben und dünsten. Durch ein Sieb gießen und Brühe auffangen * Tomaten überbrühen, abziehen und in kleine Würfel schneiden * Butterschmalz erhitzen, Lachsforellensteaks von jeder Seite 4 bis 5 Minuten darin braten. Herausnehmen und warm stellen * Brokkolibrühe in den Fischbratfond rühren, Sahne und Muskat dazugeben und etwas einkochen lassen * Zwei Brokkoliröschen beiseite legen, restliche Röschen pürieren. Sahne mit Salz halbsteif schlagen und unter das Brokkolipüree rühren. Mit Zitronensaft abschmecken * Butterflöckchen in die heiße Soße geben, Tomatenwürfel unterrühren. Fischsteaks auf Teller verteilen und die Soße angießen * Brokkolipüree mit Mandeln bestreuen und mit Brokkoliröschen garnieren.
Beilage: Petersilienkartoffeln.

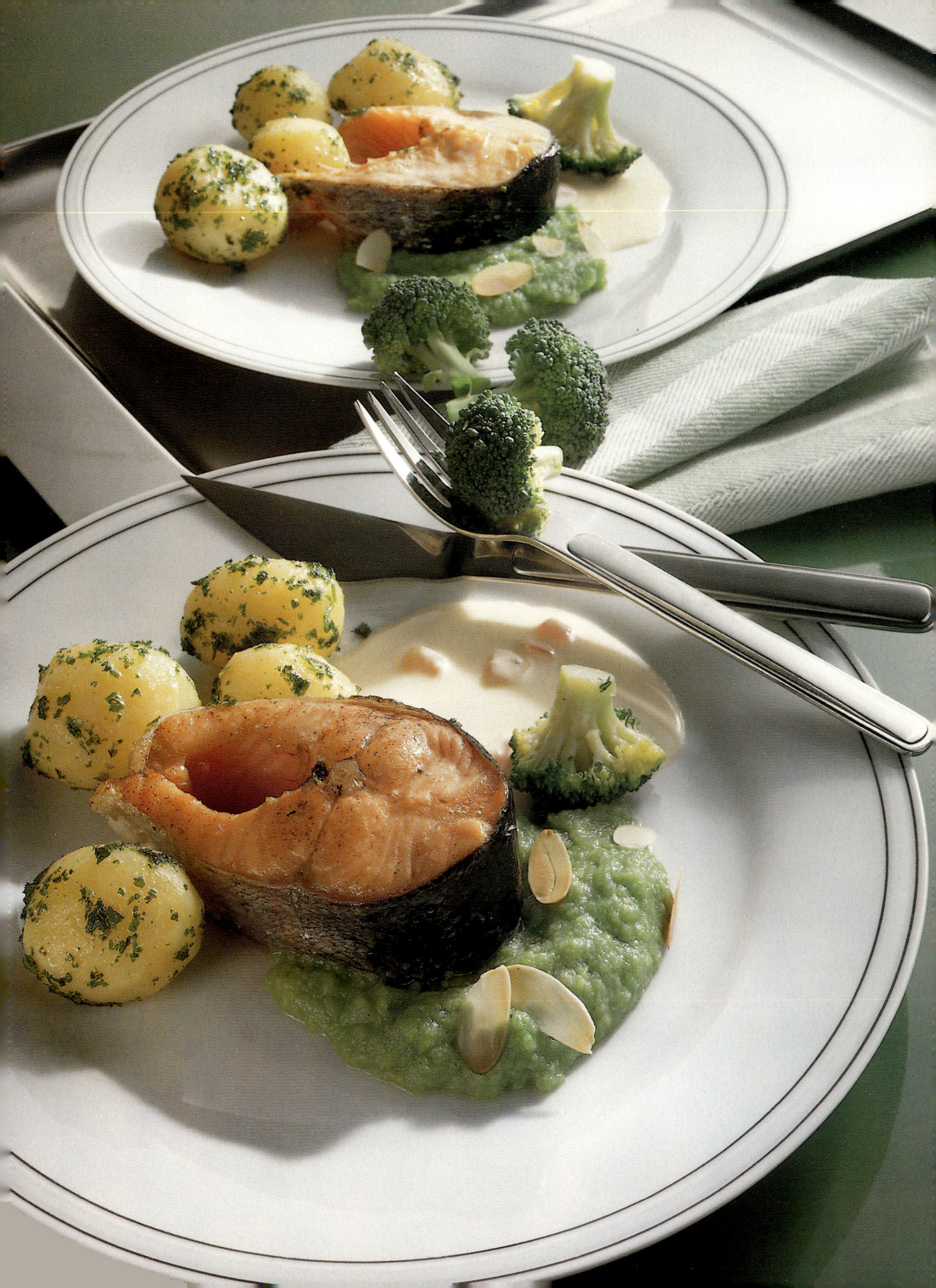

FISCHGERICHTE

Forellen mit Salbei

4 Forellen (je etwa 250 g),
Salz,
Pfeffer,
3 bis 4 EL Mehl *
80 g Butter,
2 Lorbeerblätter,
10 Salbeiblätter,
1/8 l Weißwein,
4 EL Weinbrand

Forellen von innen mit Salz und Pfeffer würzen und in Mehl wenden * Butter mit Lorbeer- und Salbeiblättern erhitzen, Kräuter herausnehmen und beiseite stellen. Forellen in der Butter von beiden Seiten knusprig anbraten, mit Wein und Weinbrand ablöschen und 10 bis 15 Minuten dünsten. Mit Salbeiblättern bestreut servieren.
Beilage: Kartoffeln.

Forelle in Kräutersoße

4 Forellen (je etwa 250 g),
Salz,
Pfeffer,
100 ml Weißwein *
50 g Butter oder Margarine,
1 Bund Schnittlauch,
1/2 Kästchen Kresse *
2 Schalotten,
20 g Butter oder Margarine *
125 g süße Sahne

Forellen innen und außen mit Salz und Pfeffer bestreuen und in eine gefettete Auflaufform legen. Fisch mit Wein begießen und die geschlossene Form in den vorgeheizten Backofen setzen.
Einsetzen: Mitte.
Temperatur: 220 °C / Stufe 4 bis 5 / 15 bis 20 Minuten * Butter mit Schnittlauch und Kresse pürieren * Schalotten in Würfel schneiden. Butter oder Margarine erhitzen, Schalotten darin glasig dünsten * Fischsud von den Forellen abgießen, zu den Schalotten geben und etwas einkochen lassen * Sahne hinzufügen und die Kräuterbutter in Flöckchen unter die Soße schlagen, so daß sie eine cremige Beschaffenheit bekommt. Soße über die Forellen gießen.
Beilage: Kartoffelplätzchen, Blattsalat.

FISCHGERICHTE

Knuspriger Rotbarsch

700 g Rotbarschfilet,
3 EL Zitronensaft *
Teig:
125 g Mehl,
1 Prise Salz,
2 EL Sesam,
7 EL Weißwein,
2 EL Öl,
2 Eiweiß *
1 l Öl zum Fritieren *
Soße:
2 Knoblauchzehen,
1 EL Margarine,
1/8 l Gemüsebrühe,
1/8 l Tomatenketchup,
1 EL Mango-Chutney,
2 EL Sherry,
1 bis 2 EL Weißweinessig,
1 EL Sojasoße *
Salz,
Pfeffer,
Sambal Oelek

Fischfilet in Würfel schneiden und mit Zitronensaft säuern * Für den Teig Mehl mit Salz, Sesam, Wein und Öl verrühren. Eiweiß steif schlagen und unterheben * Öl erhitzen. Fischstücke durch den Teig ziehen und im Öl 3 bis 5 Minuten fritieren * Für die Soße Knoblauchzehen hacken. Magarine erhitzen, Knoblauch darin andünsten. Brühe, Tomatenketchup, Chutney, Sherry, Essig und Sojasoße hinzufügen und aufkochen * Mit Salz, Pfeffer und Sambal Oelek würzen. Soße getrennt zum Fisch reichen.
Beilage: Reis.

Fischgerichte

Tomaten-Fisch-Pfanne

750 g kleine Tomaten *
100 g geräucherter
durchwachsener Speck,
2 Zwiebeln,
250 g Champignons,
1 Knoblauchzehe,
30 g Fett *
125 g süße Sahne,
1 Bund Dill *
600 g Rotbarschfilet *
1 EL Zitronensaft,
Salz,
Pfeffer,
1 Prise Zucker,
1 TL Speisestärke *
1 Bund Dill

Tomaten überbrühen und abziehen * Speck und Zwiebeln in Würfel, Champignons in Scheiben schneiden. Knoblauchzehe durchpressen. Fett erhitzen, Speck, Zwiebeln, Champignons und Knoblauch darin dünsten, bis alle Flüssigkeit verdampft ist * Sahne und gehackten Dill hinzufügen * Fisch in Würfel schneiden, mit Tomaten dazugeben und etwa 10 Minuten garziehen lassen * Mit Zitronensaft, Salz, Pfeffer und Zucker abschmecken und mit angerührter Speisestärke binden * Tomaten-Fisch-Pfanne mit gehacktem Dill bestreuen.
Beilage: Salzkartoffeln, grüner Salat.

Heilbuttkoteletts mit Safranmöhren

4 Heilbuttkoteletts (je etwa 200 g),
Saft von 1 Zitrone,
Salz *
500 g Möhren,
20 g Butter,
6 EL Fischfond aus dem Glas,
100 g süße Sahne,
Salz,
Pfeffer,
1 Messerspitze Safran,
Zucker *
4 EL Mehl,
20 g Pflanzenfett,
1 Bund Dill

Fischkoteletts mit Zitronensaft säuern und salzen * Möhren in Scheiben schneiden. Butter erhitzen, Möhren darin andünsten. Fischfond und Sahne dazugeben, mit Salz, Pfeffer, Safran und Zucker würzen und 10 bis 15 Minuten dünsten * Fischkoteletts in Mehl wenden. Fett erhitzen, Fisch von beiden Seiten je 5 Minuten darin braten. Mit gehacktem Dill bestreuen und mit den Safranmöhren servieren.
Beilage: Reis.

Heilbutt mit Zitronensoße

4 Heilbuttkoteletts (je etwa 200 g),
Salz,
weißer Pfeffer,
30 g Butter *
Soße:
5 Eigelb,
abgeriebene Schale und
Saft von 1 Zitrone,
2 bis 3 EL trockener Weißwein,
Salz,
100 g Butter,
1 Bund Schnittlauch

Fischkoteletts auf beiden Seiten mit Salz und Pfeffer würzen. Vier große Stücke Alufolie mit Butter bestreichen, Fischstücke darauflegen und Folien locker über dem Fisch verschließen. Auf ein Backblech geben und in den vorgeheizten Backofen setzen.
Einsetzen: Mitte.
Temperatur: 200 °C / Stufe 3 bis 4 / 20 bis 25 Minuten *
Für die Soße Eigelb mit Zitronenschale, Zitronensaft, Wein und Salz im heißen Wasserbad unter ständigem Rühren cremig aufschlagen. Butter schmelzen und langsam darunterschlagen. Schnittlauch kleinschneiden und unterheben * Fisch aus der Folie nehmen, auf Teller verteilen und mit der Soße begießen.
Beilage: Salzkartoffeln.

FISCHGERICHTE

Schollenrouladen in Kapernsoße

500 g Schollenfilets,
Zitronensaft,
Salz,
Pfeffer,
Senf *
4 Essiggurken,
4 Scheiben Schinkenspeck *
1/8 l Weißwein,
1/4 l Wasser,
1 Zwiebel,
1 Lorbeerblatt,
3 Nelken,
3 Wacholderbeeren,
Salz *
20 g Butter,
30 g Mehl,
1 TL Kapern,
2 EL süße Sahne

Fisch mit Zitronensaft säuern, mit Salz und Pfeffer würzen und mit Senf bestreichen * Gurken in Streifen schneiden. Fischfilets mit Speck und Gurken belegen, aufrollen und mit Holzstäbchen zusammenstecken * Wein mit Wasser, der mit Lorbeerblatt und Nelken gespickten Zwiebel sowie Wacholderbeeren und Salz aufkochen. Fisch in den Sud geben und 10 Minuten fortkochen. Fisch herausnehmen und warm stellen * Butter erhitzen, Mehl darin andünsten, mit Fischsud ablöschen und aufkochen. Kapern, Sahne und Fisch hinzufügen und 3 bis 5 Minuten garziehen lassen.
Beilage: Salzkartoffeln, Salat.

Zander mit Steinpilzen

800 g Zanderfilet,
Saft von 1 Zitrone,
Salz,
30 g Butterschmalz *
200 g Steinpilze,
2 EL Walnußöl,
Salz,
Pfeffer,
40 g gehackte Walnußkerne *
2 EL feingehackte glatte Petersilie

Zanderfilet mit Zitronensaft säuern und salzen. Butterschmalz erhitzen, Fisch von jeder Seite 8 Minuten darin goldbraun braten. Fisch warm stellen * Steinpilze in dünne Scheiben schneiden. Öl erhitzen, Pilze darin 4 Minuten braten. Mit Salz und Pfeffer würzen und Walnüsse unterrühren * Pilze auf eine Platte geben, Fisch darauf anrichten und mit Petersilie bestreuen.
Beilage: Kartoffelgratin, Blattsalat.

Fischgerichte

Zander mit Kräuterfüllung

1 kg Zander,
Saft von 1 Zitrone,
*Salz ***
Füllung:
1 Bund Petersilie,
2 Knoblauchzehen,
1 EL Butter,
2 EL geriebene Mandeln,
Salz,
*Pfeffer ***
*1/8 l Weißwein ***
500 g Champignons,
2 Zwiebeln

Zander mit Zitronensaft säuern und salzen * Für die Füllung Petersilie und Knoblauchzehen fein hacken, mit Butter, Mandeln, Salz und Pfeffer verkneten und in den Fisch füllen * Zander in eine Auflaufform legen, Wein angießen und die Form in den kalten Backofen setzen. Einsetzen: unten.
Temperatur: 180 °C / Stufe 2 bis 3 / etwa 40 Minuten, 5 bis 10 Minuten 0 *
Champignons blättrig, Zwiebeln in Würfel schneiden und beides nach der Hälfte der Gardauer um den Fisch legen.
Beilage: Salzkartoffeln.

Kabeljaufilet mit Tomaten-Mandel-Soße

1 kg Kabeljaufilet,
Essig,
*Salz ***
2 Zwiebeln,
3 Knoblauchzehen,
2 EL Butter oder Margarine,
2 EL Paniermehl,
2 EL gemahlene Mandeln,
1 Dose Tomaten
*(Abtropfgewicht etwa 850 g) ***
Salz,
Pfeffer,
Streuwürze,
*Zitronensaft ***
Petersilie

Fischfilet mit Essig säuern und salzen * Zwiebeln in Würfel schneiden, Knoblauchzehen durchpressen. Butter oder Margarine erhitzen, Zwiebeln und Knoblauch darin dünsten. Paniermehl, Mandeln und Tomaten mit Tomatensaft dazugeben und dünsten, bis die Flüssigkeit verdampft und die Soße dickflüssig ist * Soße mit Salz, Pfeffer, Streuwürze und Zitronensaft abschmecken * Wenig Wasser ankochen, Fischfilet darin etwa 10 Minuten dünsten. Fisch auf einer Platte anrichten und mit der Soße begießen. Mit gehackter Petersilie bestreuen.
Beilage: Butterkartoffeln, Salat.

FISCHGERICHTE

Kabeljau in Kressesoße

4 Scheiben Kabeljau (je etwa 250 g),
Saft von 2 Zitronen,
Salz,
Pfeffer,
*Senf **
*1/4 l Wasser **
2 Päckchen helle Soße,
*1/4 l Milch **
2 Kästchen Kresse,
1 Bund Petersilie,
*1 Bund Schnittlauch **
1 Eigelb,
*süße Sahne **
1 Zitrone

Fisch mit Zitronensaft säuern, mit Salz und Pfeffer würzen und mit Senf bestreichen * Wasser ankochen, Fischstücke etwa 10 Minuten darin garziehen lassen. Fisch herausnehmen und abtropfen lassen * Helle Soße nach Anweisung mit Milch und Fischsud zubereiten * Kräuter fein hacken und in die Soße rühren. Fisch hineinlegen * Eigelb mit Sahne verrühren, Soße damit legieren * Mit Zitronenscheiben garnieren.
Beilage: Reis, Kressesalat.

Gebratener Aal mit Mandelcreme

1,5 kg Aal,
Salz,
2 Eier,
Paniermehl,
*2 EL Butter **
Mandelcreme:
100 g Mayonnaise,
100 g Crème fraîche,
2 Eigelb,
150 g Tomaten,
Salz,
Pfeffer,
geröstete Mandelsplitter

Aal in finderdicke Stücke schneiden und salzen. Aalstücke nacheinander in verquirlten Eiern und Paniermehl wenden. Butter erhitzen, Aalstücke darin knusprig braun braten * Für die Mandelcreme Mayonnaise mit Crème fraîche und Eigelb verrühren. Tomaten überbrühen, abziehen, in Würfel schneiden, zur Creme geben und mit Salz, Pfeffer und Mandeln abschmecken.
Beilage: Baguette.

Fischgerichte

Karpfen polnische Art

*1 Karpfen (etwa 1 kg) *
150 g fetter Speck,
2 Zwiebeln,
6 Pfefferkörner,
3 Nelken,
*1 Lorbeerblatt *
1/2 l Malzbier,
1 Zitrone,
*2 bis 3 Scheiben Weißbrot *
Salz,
Streuwürze,
Paprika,
Pfeffer

Karpfen in Stücke schneiden * Speck und Zwiebeln in Würfel schneiden. Speckwürfel ausbraten, Zwiebeln, Pfefferkörner, Nelken und Lorbeerblatt dazugeben und goldgelb dünsten * Mit Bier ablöschen, einige Zitronenscheiben und zerriebenes Weißbrot hinzufügen und unter ständigem Rühren kurz aufkochen * Soße durch ein Sieb geben und mit Salz, Streuwürze, Paprika und Pfeffer abschmecken. Fisch hineingeben und 20 bis 25 Minuten garziehen lassen.
Beilage: Butterkartoffeln, Salat.

Kräuterheringe

8 grüne Heringe,
Essig,
*Salz *
4 hartgekochte Eier,
2 Bund Petersilie,
2 Bund Dill,
Streuwürze,
*Zitronensaft *
Zitronenscheiben,
Petersilie

Heringe mit Essig beträufeln und salzen * Eier und Kräuter hacken, mischen und mit Streuwürze und Zitronensaft abschmecken. Heringe damit füllen. Heringe einzeln auf je ein Stück gefettete Alufolie legen und Folie locker über dem Fisch verschließen. Auf dem Rost in den kalten Backofen setzen.
Einsetzen: Mitte.
Temperatur: 220 °C / Stufe 4 bis 5 / 25 bis 30 Minuten, 5 Minuten 0 *
Heringe in der geöffneten Folie servieren und mit Zitronenscheiben und Petersilie garnieren.
Beilage: Butterkartoffeln, Bohnensalat.

FISCHGERICHTE

Pannfisch

500 g Reste von gekochtem oder gebratenem Fisch,
750 g kalte Pellkartoffeln,
100 g geräucherter durchwachsener Speck,
3 Zwiebeln ⁕
20 g Butterschmalz ⁕
1/8 l Wasser,
2 EL Senf ⁕
Salz,
Pfeffer,
1 Prise Zucker

Fisch in Stücke teilen. Kartoffeln in Scheiben, Speck und Zwiebeln in kleine Würfel schneiden ⁕ Butterschmalz erhitzen, Speckwürfel darin auslassen. Kartoffeln dazugeben und knusprig braun braten. Zwiebeln und Fisch hinzufügen und kurz braten ⁕ Wasser mit Senf verrühren, dazugießen und unter Wenden der Kartoffel-Fisch-Masse einziehen lassen ⁕ Pannfisch mit Salz, Pfeffer und Zucker abschmecken.

Riesengarnelen in Tomatensoße

18 bis 24 TK-Riesengarnelen,
2 Zwiebeln,
2 Knoblauchzehen,
1 Dose Tomaten (Abtropfgewicht etwa 375 g),
1/2 Bund Petersilie,
4 EL Olivenöl,
2 EL Oregano,
Salz,
Pfeffer

Garnelen auftauen lassen. Zwiebeln und Knoblauchzehen in feine Würfel schneiden, Tomaten etwas abtropfen lassen und durch ein Sieb passieren. Petersilie fein hacken. Öl erhitzen, Zwiebeln und Knoblauch darin glasig dünsten. Tomaten und Petersilie hinzufügen, mit Oregano, Salz und Pfeffer würzen und einkochen lassen. Garnelen in die Soße geben und zugedeckt garziehen lassen. Garnelen mit der Soße auf Tellern anrichten. Beilage: Weißbrot.

FISCHGERICHTE

Süß-saurer Fisch in Erdnußsoße

800 g Fischfilet (z. B. Rotbarsch oder Kabeljau),
Essig,
Salz *
2 Zwiebeln,
200 ml Brühe,
1 EL Essig,
4 EL Sojasoße,
Salz,
Pfeffer,
25 g gesalzene Erdnußkerne,
100 g TK-Erbsen *
40 g Butter oder Margarine,
40 g Mehl *
1 TL Zucker,
100 g süße Sahne,
100 g Krabben

Fisch mit Essig säuern und salzen * Zwiebeln in Würfel schneiden und in eine Auflaufform geben. Brühe, Essig und Sojasoße dazugeben und mit Salz und Pfeffer würzen. Fisch hineinlegen, Erdnüsse und Erbsen hinzufügen * Butter oder Margarine mit Mehl verkneten, zu Klößchen formen und in die Form geben. Die geschlossene Form in den kalten Backofen setzen.
Einsetzen: Mitte.
Temperatur: 200 °C / Stufe 3 bis 4 / 25 bis 30 Minuten, 5 Minuten 0 *
Fisch herausnehmen und warm stellen * Soße verrühren, Zucker, Sahne und Krabben hinzufügen und abschmecken. Soße über den Fisch gießen.
Beilage: Risotto, Salat.

Imbiß »Stavanger«

4 Schellfischkoteletts
(je etwa 200 g),
Saft von 1 Zitrone,
Salz *
125 g Mayonnaise,
1 EL Dosenmilch,
Saft von 1 Zitrone,
Salz,
Zucker,
Pfeffer,
gehackter Dill,
200 g Krabbenfleisch *
Salatblätter

Fisch mit Zitronensaft säuern und von jeder Seite 4 bis 7 Minuten grillen, anschließend salzen * Mayonnaise mit Dosenmilch, Zitronensaft, Salz, Zucker und Pfeffer verrühren, Dill und Krabben unterheben * Den abgekühlten Fisch auf Salatblätter legen und die Krabbenmasse darübergeben, mit Dill und Krabben garnieren.

Gemüsegerichte

Gemüsegerichte

Auberginen mit kerniger Gemüsefüllung

*2 Auberginen **
*600 g TK-Balkangemüse **
150 g Crème fraîche oder Schmand,
200 g Schmelzkäse,
weißer Pfeffer,
Muskat,
150 g gegarter Roggen,
100 g Sonnenblumenkerne

Auberginen halbieren und mit der Schnittseite nach unten auf ein mit Backpapier belegtes Backblech legen. Backblech in den kalten Backofen setzen.
Einsetzen: Mitte.
Temperatur: 175 °C / Stufe 2 / 15 bis 20 Minuten * Balkangemüse nach Anweisung zubereiten * Crème fraîche oder Schmand mit Käse vorsichtig erwärmen, bis sich beides gut verrühren läßt. Mit Pfeffer und Muskat würzen. Roggen und Sonnenblumenkerne unterrühren * Auberginenhälften aushöhlen, dabei 1 cm Rand stehen lassen. Fruchtfleisch zerkleinern und unter das Gemüse mischen. Masse in die Auberginenhälften füllen und in eine gefettete Auflaufform setzen. Käsecreme über die Auberginen streichen und Form in den Backofen setzen.
Einsetzen: Mitte.
Temperatur: 175 °C / Stufe 2 / 20 bis 30 Minuten.

Gebratene Auberginen

1 Aubergine (etwa 250 g),
1 Knoblauchzehe,
8 EL Öl,
1 EL Butter,
Salz,
bunter Pfeffer

Aubergine in 1 cm dicke Scheiben, Knoblauchzehe in sehr feine Würfel schneiden. Öl mit Butter erhitzen, Knoblauch, Salz und Pfeffer dazugeben und umrühren. Auberginenscheiben hineingeben und von jeder Seite 2 Minuten braten.

GEMÜSEGERICHTE

Möhren mit Nußsoße

750 g Möhren,
20 g Butter,
1 EL Mehl,
1/4 l Milch *
10 g Butter,
2 EL geröstete gemahlene Haselnußkerne,
Gemüsehefebrühe,
Zucker

Möhren in Scheiben schneiden. Butter schmelzen, Möhren darin 10 Minuten dünsten. Mit Mehl bestäuben. Milch unter Rühren langsam angießen und weitere 10 bis 15 Minuten dünsten * Butter und Nüsse einrühren und mit Brühe und Zucker abschmecken.

Möhren mit Aprikosensoße

30 g Pinienkerne *
Soße:
1 Bund Frühlingszwiebeln,
2 Knoblauchzehen,
2 EL Öl,
30 g Rosinen,
1 Messerspitze gemahlener Ingwer *
400 g Aprikosen,
1 TL Curry,
Salz,
1 TL Apfeldicksaft,
200 ml trockener Weißwein *
750 g junge Möhren,
1/8 l Wasser,
Salz,
20 g Butter *
1 EL Schnittlauchröllchen

Pinienkerne in der trockenen Pfanne hellbraun rösten und beiseite stellen * Für die Soße Frühlingszwiebeln in feine Ringe schneiden, Knoblauchzehen fein hacken. Öl erhitzen, Frühlingszwiebeln, Knoblauch und Rosinen 5 Minuten darin dünsten und mit Ingwer würzen * Aprikosen überbrühen und abziehen. Fruchtfleisch in feine Würfel schneiden, zum Zwiebelgemisch geben und kurz andünsten. Mit Curry, Salz und Apfeldicksaft würzen. Wein angießen und die Soße 3 Minuten garziehen lassen * Möhren im Wasser mit Salz und Butter 8 Minuten dünsten * Abgetropfte Möhren auf einer Platte anrichten und die Soße darüber verteilen * Mit Pinienkernen und Schnittlauchröllchen bestreuen.

GEMÜSEGERICHTE

Basilikumbohnen

50 g Butter,
Salz,
1 TL Zitronensaft,
1/2 Bund Basilikum, feingehackt *
750 g Prinzeßbohnen,
1/8 l Wasser,
Salz,
Pfeffer

Butter mit Salz, Zitronensaft und Basilikum verkneten, zu einer Rolle formen und kühl stellen * Bohnen im Wasser mit Salz und Pfeffer 10 bis 12 Minuten dünsten * Butter in Scheiben schneiden. Bohnen portionieren und mit Butterscheiben belegt sofort servieren.

Grüne Bohnen mit Rosmarin

1 kg Brechbohnen,
1/4 l Wasser,
Salz *
100 g Frühstücksspeck,
2 Knoblauchzehen,
3 EL Olivenöl,
2 EL gehackter Rosmarin *
100 g in Öl eingelegte getrocknete Tomaten,
Pfeffer

Bohnen durchbrechen. Wasser mit Salz ankochen, Bohnen hineingeben, 12 Minuten fortkochen und abtropfen lassen * Speck in feine Würfel schneiden, Knoblauchzehen fein hacken. Öl erhitzen, Speck und Knoblauch darin anbraten. Rosmarin dazugeben * Tomaten abtropfen lassen und in feine Würfel schneiden. Bohnen und Tomaten in das Fett geben und 5 Minuten dünsten. Mit Pfeffer abschmecken.

GEMÜSEGERICHTE

Buntes Blumenkohlragout

1 kleiner Blumenkohl,
250 g grüner Spargel,
250 g Möhren,
1/2 l Brühe,
250 g Champignons *
30 g Butter,
40 g Mehl,
125 g süße Sahne,
Salz,
Pfeffer,
2 EL trockener Sherry *
1 EL feingehackte Zitronenmelisse

Blumenkohl in Röschen teilen. Spargel in Stücke, Möhren in Stifte schneiden. Brühe ankochen, Gemüse und Champignons hineingeben und 8 Minuten fortkochen. Gemüse herausnehmen und beiseite stellen * Butter erhitzen und Mehl darin andünsten. Brühe und Sahne angießen, unterrühren und die Soße aufkochen. Mit Salz, Pfeffer und Sherry abschmecken. Gemüse in die Soße geben und 5 Minuten garziehen lassen * Zitronenmelisse vor dem Servieren über das Blumenkohlragout streuen.

Curryblumenkohl mit Fleischklößchen

1 Blumenkohl,
1/4 l Wasser,
Salz,
1 EL Curry *
Klößchen:
250 g gemischtes Hackfleisch,
1 Ei,
1 eingeweichtes,
ausgedrücktes Brötchen,
1 Zwiebel, feingehackt,
1 Knoblauchzehe, feingehackt,
Pfeffer,
Salz *
1 Bund Frühlingszwiebeln *
4 EL Öl *
125 g süße Sahne

Blumenkohl in Röschen teilen. Wasser mit Salz und Curry ankochen, Blumenkohl hineingeben, etwa 12 Minuten fortkochen und abtropfen lassen * Hackfleisch mit Ei, Brötchen, Zwiebel, Knoblauch, Pfeffer und Salz mischen, abschmecken und Klößchen daraus formen * Frühlingszwiebeln in Stücke schneiden * Öl erhitzen, Fleischklößchen darin anbraten, Frühlingszwiebeln dazugeben und unter gelegentlichem Wenden etwa 5 Minuten braten * Blumenkohl und Sahne hinzufügen, erhitzen und abschmecken.

GEMÜSEGERICHTE

Brokkoli mit Senfsoße

*1 kg Brokkoli,
1/4 l Wasser,
Salz *
Soße:
250 g süße Sahne,
2 EL grobkörniger
mittelscharfer Senf *
2 EL feingehacktes Basilikum*

Brokkoli in Röschen teilen. Wasser mit Salz ankochen, Brokkoli hineingeben und 10 Minuten fortkochen. Brokkoli abgießen, Gemüsewasser auffangen * Für die Soße Sahne zum Gemüsewasser gießen und etwa 6 Minuten einkochen lassen. Senf unterrühren * Basilikum vor dem Servieren unter die Soße rühren. Brokkoli mit der Senfsoße begießen.

Gebratene Brokkoliröschen

*800 g Brokkoli,
1/4 l Wasser,
Salz *
2 Eier,
4 EL Milch,
Pfeffer,
6 EL Paniermehl,
2 EL geriebene Mandeln *
Butterschmalz*

Brokkoli in Röschen teilen. Wasser mit Salz ankochen, Brokkoli hineingeben, 10 Minuten fortkochen und abtropfen lassen * Eier mit Milch und Pfeffer verquirlen. Paniermehl mit Mandeln mischen. Brokkoliröschen nacheinander durch das verquirlte Ei, dann durch das Paniermehlgemisch ziehen. Panade etwas andrücken * So viel Butterschmalz erhitzen, daß sich in der Pfanne ein Fettspiegel von etwa 1 cm befindet. Brokkoli hineingeben und von allen Seiten goldgelb braten. Abtropfen lassen und sofort servieren.

GEMÜSEGERICHTE

Kohlrabigemüse mit Paprika

1 Zwiebel,
50 g geräucherter durchwachsener Speck,
1/2 rote Paprikaschote,
1/2 grüne Paprikaschote,
800 g Kohlrabi ∗
30 g Butterschmalz,
1 TL Paprika edelsüß,
1/4 l Brühe,
40 g Tomatenmark,
Salz,
Pfeffer ∗
1/2 Bund Petersilie,
80 g saure Sahne

Zwiebel und Speck in feine Würfel, Paprikaschoten in dicke Streifen schneiden. Kohlrabi – zarte Blättchen hacken und beiseite legen – vierteln und in Scheiben schneiden ∗ Butterschmalz erhitzen, Zwiebel und Speck darin glasig dünsten. Paprikastreifen und Kohlrabi dazugeben, mit Paprika bestreuen und andünsten. Brühe angießen, Tomatenmark, Salz und Pfeffer hinzufügen und etwa 20 Minuten dünsten ∗ Petersilie fein hacken, mit Kohlrabiblättchen und Sahne zum Gemüse geben und abschmecken.

Chinakohlgemüse mit Paprikasahne

1 kg Chinakohl,
2 Zwiebeln,
30 g Fett ∗
1 EL Paprika edelsüß,
Salz,
250 g Crème fraîche

Chinakohl in breite Streifen, Zwiebeln in Würfel schneiden. Fett erhitzen, Zwiebeln darin glasig dünsten ∗ Paprika darüberstäuben und Chinakohl dazugeben. Salz und Crème fraîche hinzufügen und etwa 20 Minuten dünsten.

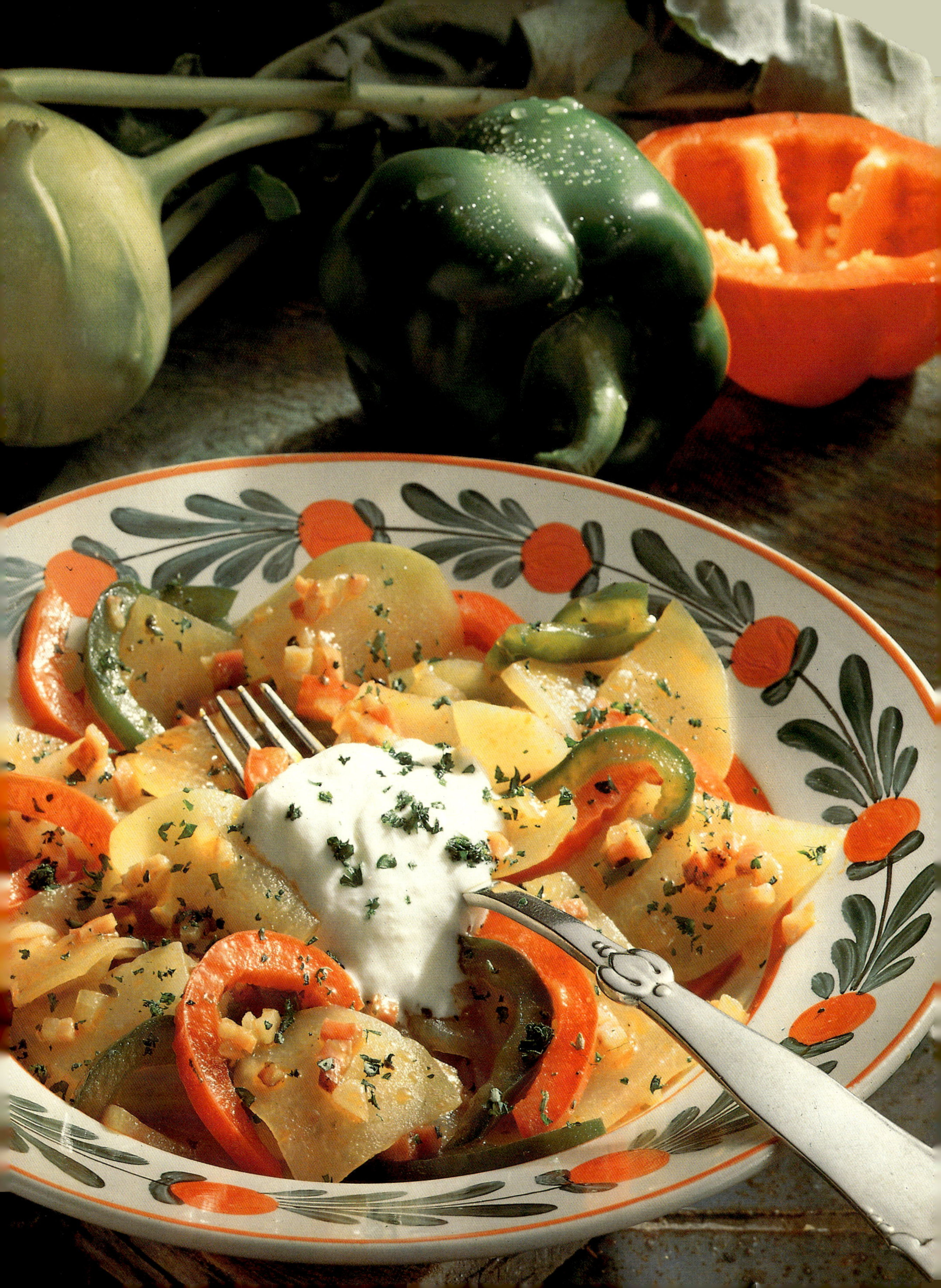

Kohlrüben mit Schweinebauch

750 g bis 1 kg Schweinebauch,
Salz,
Pfeffer,
1/4 l Wasser oder Brühe *
4 Zwiebeln,
1 kg gelbe Kohlrüben (Steckrüben),
1/2 l Wasser oder Brühe *
500 g Kartoffeln *
Majoran,
Thymian,
gehackter Kümmel *
Petersilie

Schweinebauch – Rippen auslösen – in zwei Stücke schneiden und mit Salz und Pfeffer einreiben. Fleisch in einen Bräter legen, Wasser oder Brühe angießen und den Bräter in den kalten Backofen setzen.
Einsetzen: unten.
Temperatur: 220 °C / Stufe 4 bis 5 / 70 bis 90 Minuten. Wenn das Wasser verdampft ist, Schweinebauch im eigenen Fett weiterschmoren * Zwiebeln und Kohlrüben in Würfel schneiden, hinzufügen und durchrösten lassen. Wasser oder Brühe angießen und weitere 20 bis 30 Minuten garen * Kartoffeln in Würfel schneiden und nach der Hälfte der Gardauer dazugeben * Mit Majoran, Thymian und Kümmel würzen und abschmecken * Schweinebauch in Scheiben schneiden, mit dem Gemüse anrichten und mit reichlich Petersilie bestreuen.

Tip: Anstelle von Kohlrüben können auch Möhren verwendet werden.

Teltower Rübchen

100 g Butter,
1 1/2 EL Zucker,
1 EL Mehl *
1 kg Teltower Rübchen *
1/4 l Fleischbrühe,
Salz

Butter erhitzen, bis sie leicht schäumt. Zucker einstreuen und hell karamelisieren lassen. Mehl hinzufügen und goldgelb dünsten * Ganze Rübchen hineingeben und unter Rühren etwas bräunen * Brühe angießen, salzen und zugedeckt etwa 60 Minuten schmoren. Währenddessen eventuell etwas Flüssigkeit nachgießen.

Tip: Teltower Rübchen schmecken als Beilage zu Schweinebraten, Schweinebauch oder Schweinekamm, Rauchfleisch, Kasseler, Zunge, Bratwurst, Enten- und Gänsebraten sowie zu geräucherter Gänsebrust.

GEMÜSEGERICHTE

Kohlrouladen

1 l Wasser,
Salz,
*1,5 bis 2 kg Weißkohl ***
2 altbackene Schrippen (Brötchen),
2 Zwiebeln,
750 g gemischtes Hackfleisch,
1 bis 2 Eier,
Salz,
Pfeffer,
Paprika,
Muskat,
*Kümmel ***
2 EL Schmalz,
8 bis 12 Scheiben Bauchspeck
(je 25 g),
1 Zwiebel,
100 g Sellerieknolle,
1 Möhre,
*6 EL Wasser ***
1 EL Mehl

Wasser mit Salz ankochen, Kohl hineingeben und 5 bis 10 Minuten fortkochen. Kohl herausnehmen, Blätter lösen und die dicken Rippen flach abschneiden. Restlichen Kohl eventuell zerkleinern und zur Füllung geben * Schrippen in Wasser einweichen und gut ausdrücken. Zwiebeln in Würfel schneiden. Beides mit Hackfleisch, Eiern, Kohl, Salz, Pfeffer, Paprika, Muskat und Kümmel vermengen und abschmecken. Masse auf die Kohlblätter verteilen. Blätter fest um das Fleisch wickeln und zu Rouladen formen, mit Rouladennadeln oder Stäbchen zusammenstecken * Einen großen Bräter mit Schmalz einfetten. Rouladen hineinlegen und jede mit einer Speckscheibe belegen. Zwiebel, Sellerie und Möhre in feine Scheiben schneiden und um die Rouladen verteilen. Wasser hinzufügen und den offenen Bräter in den kalten Backofen setzen.
Einsetzen: Mitte.
Temperatur: 220 °C / Stufe 4 bis 5 / 50 bis 60 Minuten, 10 Minuten 0.
Eventuell zwischendurch etwas Wasser angießen * Rouladen herausnehmen. Bratenfond mit Wasser zur gewünschten Soßenmenge auffüllen, aufkochen und mit angerührtem Mehl binden. Soße über die Rouladen gießen.

GEMÜSEGERICHTE

Überbackener Porree

1 kg Porree,
2 l Wasser,
Salz *
100 g Schafskäse,
100 g Raclette-Käse *
2 Knoblauchzehen,
100 g Walnußkerne,
50 g Toastbrot *
100 g Crème fraîche,
20 g Mehl,
Salz,
1 Eigelb *
20 g Butter

Porree in 4 cm lange Stücke schneiden. Wasser mit Salz ankochen, Porree darin 2 Minuten blanchieren und abtropfen lassen * Käse in Würfel schneiden * Knoblauchzehen mit Walnüssen und Toastbrot im Mixer zerkleinern * Die Hälfte des Porrees in eine gefettete Auflaufform legen und mit der Hälfte des Käses bestreuen. Restlichen Porree darauflegen. Crème fraîche mit Mehl, Salz und Eigelb verrühren und über dem Porree verteilen * Darauf die Walnuß-Brotmasse geben und mit restlichem Käse bestreuen. Butter in Flöckchen darauf verteilen und Form in den kalten Backofen setzen.
Einsetzen: Mitte.
Temperatur: 200 °C / Stufe 3 bis 4 / 40 bis 45 Minuten, 5 Minuten 0.

Erbspüree

500 g geschälte gelbe Erbsen,
1 Speck- oder Schinkenschwarte *
1 große Kartoffel *
Salz,
Pfeffer *
100 g Bauchspeck,
1 bis 2 Zwiebeln

Die über Nacht eingeweichten Erbsen mit der Schwarte gut mit Wasser bedeckt ankochen und 50 bis 60 Minuten fortkochen * Kartoffel in Würfel schneiden, 20 Minuten vor Ende der Gardauer dazugeben und mitgaren. Gelegentlich umrühren * Schwarte entfernen, Erbsmasse pürieren und mit Salz und Pfeffer abschmekken * Speck und Zwiebeln in Würfel schneiden. Speck auslassen, Zwiebeln darin leicht bräunen. Vor dem Servieren über das Erbspüree geben.

Erbspüree wird traditionsgemäß zu Eisbein, Rauch- und Pökelfleisch oder zu einer Schlachtplatte gereicht.

Gemüsegerichte

Minz-Erbsen

800 g enthülste junge Erbsen,
1/8 l Wasser,
Salz,
1 TL Zucker,
*30 g Butter ***
1/2 TL abgeriebene Zitronenschale,
2 EL feingehackte Minze

Erbsen im Wasser mit Salz, Zucker und Butter 6 Minuten dünsten * Zitronenschale und die Hälfte der Minze unterrühren und abschmecken. Mit restlicher Minze bestreut servieren.

Spinat mit Joghurtsoße

750 g Blattspinat,
2 Zwiebeln,
2 Knoblauchzehen,
4 EL Olivenöl,
Salz,
Pfeffer,
*4 EL Wasser ***
*100 g Walnußkerne ***
300 g Vollmilchjoghurt,
4 EL Zitronensaft,
1 TL abgeriebene Zitronenschale,
Salz

Blattspinat grob hacken. Zwiebeln in feine Würfel schneiden, Knoblauchzehen durchpressen. Öl erhitzen, Zwiebeln und Knoblauch darin andünsten. Spinat dazugeben und mit Salz und Pfeffer würzen. Wasser hinzufügen und den Spinat 5 Minuten dünsten * Nüsse grob hacken. Spinat abschmecken und Nüsse unterheben * Joghurt mit Zitronensaft und Zitronenschale verrühren und mit Salz abschmecken * Spinat kranzförmig auf einer Platte mit Vertiefung anrichten und die Joghurtsoße in die Mitte geben.

Gemüsegerichte

Mangold in Rahmsoße

750 g Mangold,
4 Schalotten,
20 g Butterschmalz,
Salz,
Pfeffer,
1/8 l Wasser *
200 g Crème fraîche,
3 Eigelb

Mangoldblätter von den Stengeln trennen und beides in feine Streifen schneiden. Schalotten fein hacken. Butterschmalz erhitzen und Schalotten darin andünsten. Mangold dazugeben, mit Salz und Pfeffer würzen und Wasser angießen. Gemüse 10 bis 15 Minuten dünsten * Gemüsewasser abgießen. Crème fraîche mit Eigelb verquirlen, unter den Mangold rühren und 5 Minuten durchziehen, aber nicht mehr kochen lassen.

Sellerieschnitten mit Tomaten

4 Eier,
30 g Vollkornmehl,
5 EL Milch,
40 g gehackte Haselnußkerne,
Pfeffer,
Kräutersalz *
750 g Sellerieknolle,
30 g Butter *
500 g Tomaten,
Salz,
Pfeffer,
300 g geriebener Goudakäse

Eier mit Mehl, Milch und Nüssen verrühren und mit Pfeffer und Salz abschmecken * Sellerie grob hineinraspeln und alles mischen. Masse auf ein gefettetes Backblech streichen und Butterflöckchen darauf verteilen. Backblech in den kalten Backofen setzen. Einsetzen: Mitte.
Temperatur: 220 °C / Stufe 4 bis 5 / 30 bis 35 Minuten * Tomaten in Scheiben schneiden, darauflegen und mit Salz und Pfeffer würzen. Käse darüberstreuen und weitere 5 Minuten überbacken.

GEMÜSEGERICHTE

Linsengemüse mit Aprikosen

1 Möhre,
250 g Aprikosen,
1 Stange Porree,
1 Zwiebel,
1 Lorbeerblatt,
2 Nelken,
250 g Linsen,
1 l Brühe *
4 EL Rotwein,
1 EL Worcestersoße,
1 TL getrockneter Majoran,
Salz,
Pfeffer

Möhre und Aprikosen in Würfel, Porree in Ringe schneiden. Zwiebel mit Lorbeerblatt und Nelken spicken. Alles mit Linsen in der Brühe ankochen und 50 bis 60 Minuten fortkochen. Gewürzzwiebel entfernen * Rotwein, Worcestersoße und Majoran hinzufügen und Linsengemüse mit Salz und Pfeffer würzen.

Überbackener Fenchel

2 große Fenchelknollen,
1/4 l Wasser,
Salz *
1 Knoblauchzehe *
200 g Frischkäse,
3 EL Milch,
125 g Blauschimmelkäse
(z. B. Roquefortkäse),
1 TL Basilikum,
Pfeffer

Fenchelknollen halbieren, im Wasser mit Salz ankochen und 20 bis 25 Minuten fortkochen. Fenchel abtropfen lassen * Eine Auflaufform mit der halbierten Knoblauchzehe ausreiben, Fenchelhälften hineinlegen * Frischkäse mit Milch und zerbröckeltem Blauschimmelkäse verrühren und mit Basilikum und Pfeffer würzen. Käsecreme über den Fenchel streichen und unter dem vorgeheizten Grill goldgelb überbacken.

GEMÜSEGERICHTE

Spargel mit Basilikumsoße

1 kg weißer Spargel,
50 g Butter,
Salz,
Zucker,
1 EL Zitronensaft,
*4 EL Wasser ***
*125 g süße Sahne ***
Salz,
Zucker,
Muskat,
1 Bund Basilikum

Spargel in 4 cm lange Stücke schneiden. Butter erhitzen, Spargel darin andünsten. Salz, Zucker, Zitronensaft und Wasser dazugeben und Spargel 10 Minuten dünsten * Sahne hinzufügen und weitere 5 Minuten dünsten * Spargel mit Salz, Zucker und Muskat abschmecken. Basilikum fein hacken und unterheben.

Frühlingsgemüse mit Curry

200 g Möhren,
200 g Kohlrabi,
30 g Butter,
1 TL Curry,
200 g enthülste Erbsen,
*1/8 l trockener Weißwein ***
*200 g Zuckerschoten ***
4 EL Zitronensaft,
Salz,
Zucker,
Cayennepfeffer

Möhren und Kohlrabi in Stifte schneiden. Butter erhitzen, Curry darin andünsten. Möhren, Kohlrabi und Erbsen dazugeben und andünsten. Wein angießen und das Gemüse 10 Minuten dünsten * Zuckerschoten hinzufügen und 4 Minuten dünsten * Frühlingsgemüse mit Zitronensaft, Salz, Zucker und Cayennepfeffer würzen.

Gemüsegerichte

Zucchini-Möhren-Gemüse mit Knoblauch

500 g Möhren,
500 g Zucchini,
2 Knoblauchzehen,
1 Zwiebel,
2 EL Olivenöl,
Salz,
Pfeffer,
1/8 l Wasser *
1 Bund glatte Petersilie

Möhren und Zucchini in Stifte schneiden, Knoblauchzehen und Zwiebel fein hacken. Öl erhitzen, Knoblauch und Zwiebel darin andünsten. Möhren und Zucchini dazugeben und ebenfalls andünsten. Mit Salz und Pfeffer würzen, Wasser angießen und das Gemüse 15 Minuten dünsten * Petersilie fein hacken und vor dem Servieren unter das Gemüse rühren.

Zucchini mit Parmesan

1 kg sehr kleine Zucchini,
50 g Schinkenspeck,
2 Zwiebeln,
1 Bund glatte Petersilie,
20 g Butterschmalz,
Salz,
Pfeffer,
2 EL Wasser *
50 g geriebener Parmesankäse

Zucchini in dicke Scheiben, Schinkenspeck und Zwiebeln in feine Würfel schneiden, Petersilie fein hacken. Butterschmalz erhitzen, Speck, Zwiebeln und Petersilie darin andünsten. Zucchini dazugeben, mit Salz und Pfeffer würzen, Wasser hinzufügen und Zucchini 15 Minuten dünsten * Mit Parmesankäse bestreuen.

Kleine Gerichte und Beilagen

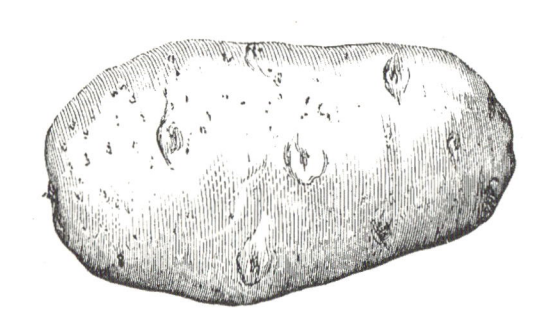

KLEINE GERICHTE UND BEILAGEN

Geflügelreis mit Birnen

300 ml Wasser,
Salz,
150 g Reis *
500 g Putenbrust,
2 Birnen *
3 EL Öl,
3 bis 4 EL Curry,
Salz,
Pfeffer,
200 ml Hühnerbrühe *
2 Dosen Mandarinen
(Abtropfgewicht je etwa 175 g) *
1 Bund Schnittlauch

Wasser mit Salz ankochen, Reis einstreuen und 20 Minuten quellen lassen * Putenbrust in Streifen schneiden. Ungeschälte Birnen vierteln, Kerngehäuse entfernen, Birnen in Würfel schneiden * Öl erhitzen, Putenbrust darin anbraten, mit Curry, Salz und Pfeffer würzen. Reis, Birnenstücke und Brühe dazugeben und 5 Minuten schmoren * Mandarinen abtropfen lassen und unter das Reisfleisch heben * Schnittlauch in feine Röllchen schneiden und vor dem Servieren über den Geflügelreis streuen.

Eierragout mit Reis

1/4 l Wasser,
Salz,
125 g Reis *
100 g Frühstücksspeck,
250 g Porree,
30 g Butter,
20 g Mehl,
3/8 l Brühe,
100 g Schmand,
1 EL Kapern,
1 Bund Petersilie, gehackt *
5 hartgekochte Eier,
Salz,
Pfeffer,
Muskat

Wasser mit Salz ankochen, Reis einstreuen und 20 Minuten quellen lassen * Speck in Streifen, Porree in Ringe schneiden. Butter erhitzen, Speck darin glasig dünsten. Porree dazugeben und 5 Minuten dünsten. Mehl darüberstäuben, Brühe angießen und 3 Minuten fortkochen. Schmand, Kapern und Petersilie zur Soße geben und aufkochen * Vier Eier in Sechstel schneiden, in die Soße geben, mit Salz, Pfeffer und Muskat abschmecken und erhitzen * Reis in eine Reisform geben und auf eine Platte stürzen. Eierragout im Reisrand anrichten und mit restlichem Ei garnieren.

KLEINE GERICHTE UND BEILAGEN

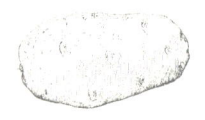

Eierfrikassee mit Champignons

1 kleine Zwiebel,
1 EL Butter,
125 g TK-Champignons,
3/8 l Brühe,
Salz,
Pfeffer *
125 g süße Sahne,
25 g Speisestärke,
Zitronensaft *
75 g gekochter Schinken,
6 hartgekochte Eier,
1 EL gehackte Petersilie

Zwiebel in Würfel schneiden. Butter erhitzen, Zwiebel und Champignons darin dünsten. Brühe angießen und mit Salz und Pfeffer würzen * Sahne mit Speisestärke verrühren und die Champignonmasse damit binden. Mit Zitronensaft abschmecken * Schinken in Würfel schneiden, Eier längs halbieren und beides in die Soße geben. Mit Petersilie bestreuen.

Champignons mit Nußsoße

1 kleine Zwiebel,
400 g große Champignons,
1 EL Butter *
1/2 Bund Petersilie,
6 Basilikumblättchen *
Soße:
1 EL Butter,
20 g gehackte Haselnußkerne,
1 EL geschrotete Weizenkörner,
175 ml Milch,
100 ml Gemüsehefebrühe *
2 EL süße Sahne,
30 g geriebener Goudakäse,
Salz,
Pfeffer

Zwiebel fein hacken, Champignons in Viertel schneiden. Butter erhitzen, Zwiebel und Champignons darin andünsten * Petersilie und Basilikum fein hacken und zu den Champignons geben * Für die Soße Butter erhitzen, Nüsse darin rösten. Weizenschrot darüberstreuen und mit Milch und Brühe ablöschen. Soße aufkochen lassen * Sahne und Käse unterziehen und mit Salz und Pfeffer abschmecken. Soße über die Champignons geben.

KLEINE GERICHTE UND BEILAGEN

Gemüse-Ravioli

*50 g geräucherter
durchwachsener Speck,
1 EL Fett *
300 g Porree,
250 g Champignons *
1 Dose Ravioli in Tomatensoße
(Einwaage etwa 800 g) *
4 Scheiben Goudakäse *
1 EL gehackte Petersilie*

Speck in Würfel schneiden. Fett erhitzen, Speckwürfel darin auslassen * Porree in Ringe, Champignons in Scheiben schneiden, beides zum Speck geben und 15 bis 20 Minuten dünsten * Ravioli mit Soße dazugeben und erhitzen * Mit Käsescheiben belegen und im geschlossenen Kochtopf schmelzen lassen * Mit Petersilie bestreuen.

Spaghetti mit Tomaten-Thunfisch-Soße

*1 l Wasser,
1 TL Salz,
1 EL Öl,
250 g Spaghetti *
500 g Tomaten,
1 Zwiebel,
1 Knoblauchzehe,
1 Dose Thunfisch in Öl
(Abtropfgewicht etwa 150 g),
2 EL Olivenöl,
Basilikum,
Salz,
Pfeffer*

Wasser mit Salz und Öl ankochen, Spaghetti hineingeben, umrühren, 10 bis 12 Minuten quellen lassen und abgießen * Tomaten überbrühen, abziehen und in Stücke schneiden. Zwiebel und Knoblauchzehe in Würfel schneiden, Thunfisch abtropfen lassen. Öl erhitzen, Zwiebel und Knoblauch darin rösten, Thunfisch dazugeben und kurz rösten. Tomaten und Gewürze hinzufügen und 10 Minuten fortkochen. Soße über die Spaghetti gießen.

KLEINE GERICHTE UND BEILAGEN

Makkaroni mit Kräutern

2 l Wasser,
2 TL Salz,
2 TL Öl,
500 g Makkaroni *
2 Zwiebeln,
2 Knoblauchzehen,
4 EL Olivenöl,
2 EL Butter *
4 Tomaten,
2 EL gehackte Kräuter,
Salz,
weißer Pfeffer *
Geriebener Parmesankäse

Wasser mit Salz und Öl ankochen, Makkaroni hineingeben, umrühren und 15 Minuten quellen lassen * Zwiebeln und Knoblauchzehen sehr fein hacken. Öl mit Butter erhitzen, Zwiebeln und Knoblauch darin glasig dünsten * Tomaten überbrühen, abziehen und in Würfel schneiden. Tomaten und Kräuter zu den Zwiebeln geben, mit Salz und Pfeffer würzen, etwa 2 Minuten dünsten und abschmecken * Abgetropfte Makkaroni unter die Kräutermischung heben und mit Parmesankäse bestreuen.

Foto

Pellkartoffeln mit Quark und Leinöl

500 g Magerquark,
2 bis 3 EL Milch,
Salz,
Pfeffer,
eventuell Kümmel *
2 Zwiebeln,
3 bis 4 EL Leinöl,
grob gemahlener Pfeffer,
1 Bund Petersilie, gehackt *
1 kg Pellkartoffeln (mit Salz und Kümmel gekocht),
Salz

Quark mit Milch verrühren, mit Salz, Pfeffer und eventuell Kümmel würzen und bergartig anrichten * Zwiebeln in sehr feine Würfel schneiden. Eine Vertiefung in den Quarkberg drücken und die Zwiebeln hineinfüllen. Leinöl darübergießen und alles mit Pfeffer und Petersilie bestreuen * Kartoffeln nochmals leicht salzen und sehr heiß dazu servieren.

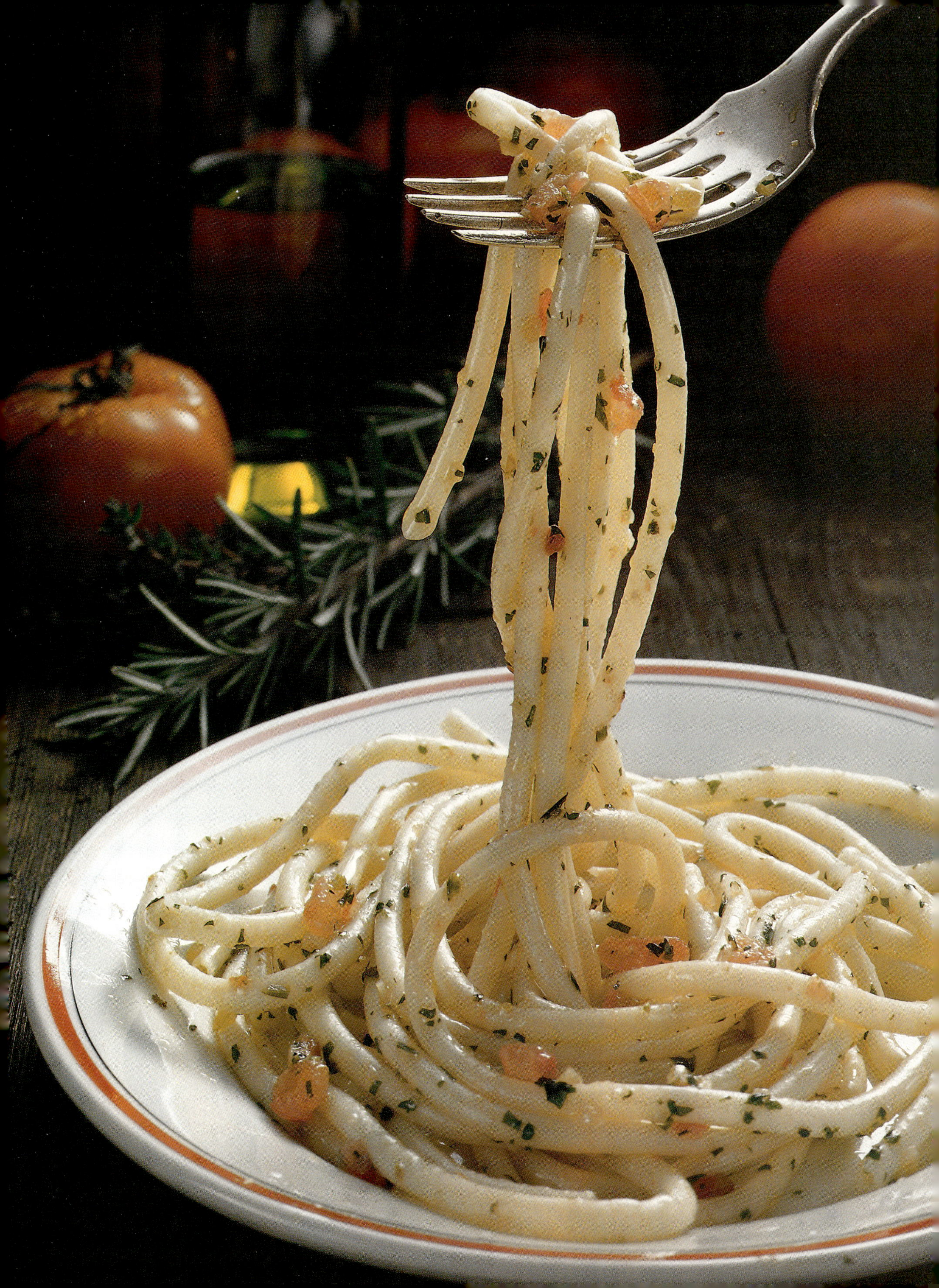

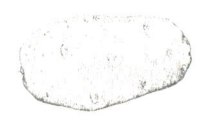

Kartoffelpuffer

1 kg Kartoffeln,
1 bis 2 EL Mehl,
3 Eier,
Salz,
Pfeffer,
Muskat *
Schweineschmalz oder Leinöl

Kartoffeln reiben oder pürieren, Flüssigkeit vorsichtig abgießen. Kartoffeln mit Mehl, Eiern, Salz, Pfeffer und Muskat vermengen * Fett erhitzen. Kartoffelmasse portionsweise nacheinander in die Pfanne geben, jeweils flach drücken und von beiden Seiten goldgelb und knusprig backen.
Kartoffelpuffer je nach Geschmack mit Zucker bestreuen und mit Kompott oder Apfelmus servieren.

Tip: Die Puffer schmecken besonders herzhaft, wenn man unter die Kartoffelmasse 2 bis 3 geriebene Zwiebeln mengt und sie im Fett von ausgelassenen Speckwürfeln brät.

Wintergratin

450 g Steckrüben,
450 g Kartoffeln,
100 g geräucherter durchwachsener Speck *
200 g Kräuterfrischkäse,
250 g süße Sahne,
Salz,
Pfeffer,
75 g geriebener Käse
(z. B. Emmentaler)

Steckrüben und Kartoffeln in gleichmäßig dünne Scheiben, Speck in Würfel schneiden. Steckrüben, Kartoffeln und Speck abwechselnd in eine gefettete Auflaufform schichten * Frischkäse mit Sahne verrühren, mit Salz und Pfeffer würzen und über das Gemüse gießen. Mit Käse bestreuen und Form in den kalten Backofen setzen. Einsetzen: Mitte.
Temperatur: 200 °C / Stufe 3 bis 4 / 40 bis 50 Minuten, 10 Minuten 0.

KLEINE GERICHTE UND BEILAGEN

Kartoffel-Mandel-Bällchen

*500 g mehlig kochende
Pellkartoffeln **
*3 EL süße Sahne,
2 Eigelb,
1 Messerspitze Muskat,
1 TL Salz,
1/4 TL Pfeffer,
eventuell Mehl **
*1 Ei,
50 g gehackte Mandeln **
Fett zum Fritieren

Kartoffeln durchpressen * Sahne mit Eigelb, Muskat, Salz und Pfeffer verrühren, unter die heißen Kartoffeln mischen und zu einem glatten Teig verkneten. Wenn der Teig zu feucht ist, eventuell etwas Mehl unterkneten. Aus dem Teig eine Rolle formen, diese in gleich große Scheiben schneiden und zu walnußgroßen Bällchen formen * Bällchen nacheinander in verquirltem Ei und Mandeln wälzen. Bällchen nebeneinander auf eine Platte legen und etwa 60 Minuten kühl stellen, damit die Panade antrocknet * Fett erhitzen und Bällchen darin in mindestens drei Portionen nacheinander fritieren * Kartoffel-Mandel-Bällchen in einer vorgewärmten Schüssel anrichten.

KLEINE GERICHTE UND BEILAGEN

Bauernpfanne

2 geräucherte Mettwürstchen,
450 g TK-Pfannengemüse
»Bauernart« ★
1 Bund Schnittlauch,
60 g Goudakäse,
2 EL Crème fraîche,
2 Eier,
Salz,
Pfeffer

Würstchen in dünne Scheiben schneiden und in einer Pfanne knusprig anbraten. Ausgebratenes Fett abgießen. Pfannengemüse zur Wurst geben, andünsten und 10 Minuten dünsten ★ Schnittlauch in feine Röllchen schneiden, Käse reiben und mit Crème fraîche und Eiern verquirlen. Mit Salz und Pfeffer würzen, Masse über das Gemüse gießen und in der geschlossenen Pfanne 15 Minuten stocken lassen.

Würstchen im Schlafrock

Teig:
125 g Quark,
4 EL Milch,
1 Eigelb,
1/2 Eiweiß,
4 EL Öl,
1/2 TL Salz,
250 g Mehl,
1 Päckchen Backpulver ★
8 Frankfurter Würstchen,
1/2 Eiweiß,
Dosenmilch

Für den Teig alle Zutaten verkneten, bis der Teig glatt ist. Teig ausrollen und in acht Rechtecke von 16 x 10 cm schneiden ★ Je ein Würstchen in ein Teigstück wickeln, dabei die Ränder mit etwas Eiweiß bestreichen. Die Ränder fest andrücken, die Wurstpäckchen auf ein mit Backpapier belegtes Backblech legen und mit Dosenmilch bestreichen. Backblech in den kalten Backofen setzen.
Einsetzen: Mitte.
Temperatur: 200 °C / Stufe 3 bis 4 / 20 bis 25 Minuten.

Kleine Gerichte und Beilagen

Überbackener Leberkäse

4 Scheiben Leberkäse (je 100 g),
1 EL Tomatenmark,
*1 EL Mayonnaise ***
2 große Äpfel,
Saft von 1 Zitrone,
*4 bis 6 Käsescheibletten ***
Schnittlauchröllchen

Leberkäse mit Tomatenmark und Mayonnaise bestreichen und schuppenförmig in eine gefettete Auflaufform legen * Äpfel schälen, vierteln, Kerngehäuse entfernen und Äpfel in dünne Scheiben schneiden. Apfelscheiben auf den Leberkäse geben und mit Zitronensaft beträufeln. Käsescheiben darauflegen und Form in den kalten Backofen setzen.
Einsetzen: oben.
Temperatur: 220 °C / Stufe 4 bis 5 / 20 bis 25 Minuten, 5 Minuten 0 *
Vor dem Servieren mit Schnittlauchröllchen bestreuen.

Maisfladen

1 Dose Maiskörner
(Abtropfgewicht etwa 285 g),
1/8 l Milch,
2 Eier,
125 g Mehl,
Salz,
Zwiebelpulver,
*6 bis 8 Tropfen Tabasco ***
*Öl ***
Butter

Maiskörner und Flüssigkeit mit Milch, Eiern, Mehl, Salz, Zwiebelpulver und Tabasco verrühren und etwa 30 Minuten stehen lassen * Öl erhitzen. Mit einer Schöpfkelle drei bis vier Teigportionen hineingeben, nicht zu dünn in Fladenform verstreichen und von beiden Seiten goldbraun backen. Die Teigmenge ergibt zwei bis drei Pfannenfüllungen * Butter schmelzen und auf die Fladen träufeln.

Aufläufe

AUFLÄUFE

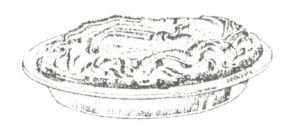

»Wendisch Dobsche«

500 g Zwiebeln,
750 g Schweinenacken,
500 g mehlig kochende Kartoffeln,
Salz,
Pfeffer,
1/8 l Brühe *
250 g Sahnequark,
1/8 l Milch,
1 TL gemahlener Kümmel,
1 TL Kartoffelmehl *
1 EL gehackte Petersilie

Zwiebeln in grobe Würfel, Fleisch in fingerdicke Streifen, Kartoffeln in Scheiben schneiden. Zwiebeln in eine gefettete Auflaufform geben, Fleisch darüberschichten, mit Salz und Pfeffer würzen und mit den Kartoffeln abdecken. Brühe angießen und die geschlossene Form in den kalten Backofen setzen.
Einsetzen: unten.
Temperatur: 200 °C / Stufe 3 bis 4 / etwa 70 Minuten *
Quark mit Milch, Kümmel und Kartoffelmehl verrühren, Masse auf die Kartoffeln streichen und 15 bis 20 Minuten weiterbacken, 5 Minuten 0 * Auflauf mit Petersilie bestreuen.

Bohnen-Kartoffel-Auflauf

200 g Sonnenblumenkerne,
100 g gerösteter Sesam,
50 g Walnußkerne,
1 Dose rote Bohnen
(Abtropfgewicht etwa 230 g),
6 Pellkartoffeln *
4 Eier,
200 g süße Sahne,
Salz,
Pfeffer,
1/2 Bund Petersilie,
etwas Salbei *
50 g geriebener Käse

Sonnenblumenkerne, Sesam und Nüsse mahlen. Bohnen abtropfen lassen, Kartoffeln grob reiben oder in Würfel schneiden. Alles vermengen und in eine gefettete Auflaufform füllen * Eier mit Sahne, Gewürzen und gehackten Kräutern verquirlen und über den Auflauf gießen * Käse darüberstreuen und Form in den kalten Backofen setzen.
Einsetzen: Mitte.
Temperatur: 175 °C / Stufe 2 / 30 bis 45 Minuten.

Kohlrabi-Kartoffel-Auflauf mit Sonnenblumenkernen

60 g Sonnenblumenkerne *
1 Zwiebel,
30 g Butter oder Margarine *
500 g Kohlrabi,
500 g Kartoffeln,
100 g geriebener Goudakäse,
1 Bund gemischte Kräuter,
Salz,
Pfeffer,
Muskat,
Curry *
150 g süße Sahne,
5 EL Joghurt,
2 Eier,
Salz,
Pfeffer,
Muskat *
2 EL Paniermehl,
100 g geriebener Goudakäse,
Butter

Sonnenblumenkerne in der trockenen Pfanne rösten * Zwiebel in Würfel schneiden. Butter oder Margarine erhitzen, Zwiebel darin glasig dünsten * Zarte Kohlrabiblättchen beiseite legen. Kohlrabi und Kartoffeln grob raspeln, mit Zwiebel und Käse mischen. Kohlrabiblättchen und Kräuter fein hacken und unterheben. Mit Salz, Pfeffer, Muskat und Curry abschmecken und in eine gefettete Auflaufform füllen * Sahne mit Joghurt und Eiern verrühren, mit Salz, Pfeffer und Muskat abschmecken und darübergießen * Mit Paniermehl, Käse und Sonnenblumenkernen bestreuen. Butterflöckchen darauf verteilen und Form in den kalten Backofen setzen.
Einsetzen: Mitte.
Temperatur: 200 °C / Stufe 3 bis 4 / 50 bis 60 Minuten, 5 Minuten 0.

AUFLÄUFE

Herzhafter Kartoffelauflauf

250 g Tomaten,
2 Paprikaschoten,
500 bis 750 g Kartoffeln,
Salz,
Pfeffer,
150 g geriebener mittelalter Goudakäse,
200 g süße Sahne,
Butter

Tomaten überbrühen, abziehen und in Scheiben, Paprikaschoten in feine Streifen, Kartoffeln in dünne Scheiben schneiden. Die Hälfte der Kartoffeln in eine gefettete Auflaufform geben und mit Salz und Pfeffer bestreuen. Gemüse und Käse dazugeben, 2 EL Käse zurückbehalten. Restliche Kartoffeln darauf verteilen und würzen. Sahne über den Auflauf gießen, restlichen Käse und Butterflöckchen daraufgeben und Form in den kalten Backofen setzen.
Einsetzen: unten.
Temperatur: 200 °C / Stufe 3 bis 4 / 60 bis 70 Minuten, 10 Minuten 0.

Reis-Gemüse-Auflauf

250 g Naturreis,
3/4 l Wasser,
Salz *
1 EL Butter,
Salz,
Pfeffer,
Paprika edelsüß *
2 Zwiebeln,
1 Knoblauchzehe,
2 EL Öl,
2 bis 3 Zucchini (etwa 500 g),
gehackte Kräuter
(z. B. Basilikum, Schnittlauch) *
5 Tomaten,
150 g Käse

Reis im Wasser mit Salz ankochen und etwa 40 Minuten quellen lassen * Butter unterrühren und mit Salz, Pfeffer und Paprika würzen * Zwiebeln in Würfel schneiden, Knoblauchzehe hacken. Öl erhitzen, Zwiebeln und Knoblauch darin anbraten. Zucchini in Scheiben schneiden, dazugeben und etwa 10 Minuten dünsten. Kräuter hinzufügen und abschmecken * Reis in eine gefettete Auflaufform geben, Zucchini in der Mitte verteilen, Tomatenscheiben darumlegen. Käse in kleine Scheiben schneiden und über das Gemüse geben. Form in den kalten Backofen setzen.
Einsetzen: unten.
Temperatur: 220 °C / Stufe 4 bis 5 / 25 bis 30 Minuten, 10 Minuten 0.

AUFLÄUFE

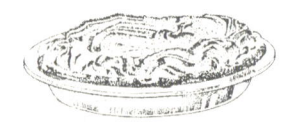

Rosenkohlauflauf

Foto

1/4 l Wasser,
Salz,
750 g Rosenkohl *
4 Cabanossi
(ungarische Rindswurst) *
30 g Butter,
30 g Mehl,
1/4 l Milch,
2 Ecken Schmelzkäse,
Salz,
Pfeffer,
Muskat

Wasser mit Salz ankochen, Rosenkohl hineingeben und 15 Minuten fortkochen. Rosenkohl abtropfen lassen * Cabanossi in Scheiben schneiden und mit Rosenkohl in eine gefettete Auflaufform geben * Butter schmelzen, Mehl darin andünsten. Milch angießen und die Soße unter Rühren aufkochen. Käse in Flöckchen schneiden und in der Soße schmelzen lassen. Soße mit Salz, Pfeffer und Muskat würzen und über den Rosenkohl gießen. Form in den kalten Backofen setzen.
Einsetzen: Mitte.
Temperatur: 220 °C / Stufe 4 bis 5 / 15 bis 20 Minuten.

Auberginenauflauf

500 g Auberginen,
Salz *
3 Zwiebeln,
500 g Tomaten,
2 EL Öl,
500 g gemischtes Hackfleisch,
1 Dose Tomatenmark (etwa 70 g),
1/8 l Brühe,
Salz,
Pfeffer,
Thymian,
Basilikum,
Paprika *
Etwas Mehl,
etwa 100 g Butterschmalz *
150 g Crème fraîche

Auberginen in 1 cm dicke Scheiben schneiden, mit Salz bestreuen und 30 Minuten ziehen lassen * Zwiebeln in kleine Würfel schneiden. Tomaten überbrühen, abziehen und ebenfalls in kleine Würfel schneiden. Öl erhitzen, Zwiebeln und Hackfleisch darin anbraten. Tomaten, Tomatenmark und Brühe hinzufügen, mit Salz, Pfeffer, Thymian, Basilikum und Paprika würzen und etwa 15 Minuten schmoren * Auberginenscheiben trockentupfen und in Mehl wenden. Butterschmalz erhitzen, Auberginen von beiden Seiten darin braten * Hackfleischsoße in eine flache gefettete Auflaufform geben, Auberginenscheiben schuppenartig einsetzen * Crème fraîche verrühren, über die Auberginen geben und Form in den kalten Backofen setzen.
Einsetzen: unten.
Temperatur: 200 °C / Stufe 3 bis 4 / 20 bis 25 Minuten, 5 Minuten 0.

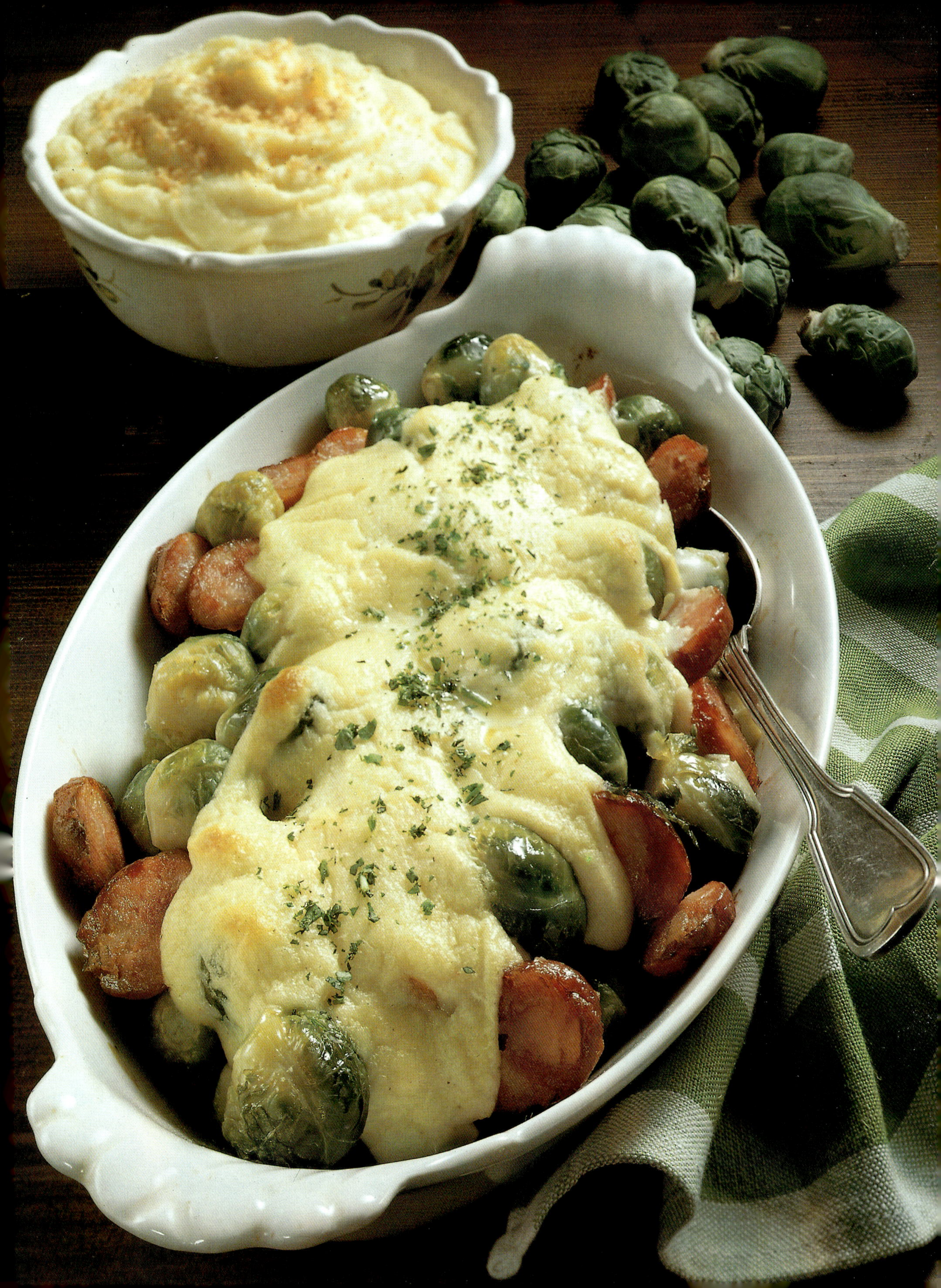

AUFLÄUFE

Wirsingauflauf

1 kleiner Kopf Wirsing (etwa 750 g),
500 g Kartoffeln,
250 g Champignons,
300 g rote Paprikaschoten,
1/2 l Gemüsebrühe *
40 g Butter,
40 g Mehl,
3 EL Paprikamark,
125 g süße Sahne,
Salz,
Pfeffer *
50 g geriebener Goudakäse

Wirsing in feine Streifen, Kartoffeln und Champignons in Scheiben, Paprikaschoten in Würfel schneiden. Brühe ankochen, Wirsing und Kartoffeln hineingeben und 5 Minuten fortkochen. Beides herausnehmen und abtropfen lassen. Brühe nochmals aufkochen, Champignons und Paprika darin 2 Minuten blanchieren, herausnehmen und abtropfen lassen * Butter erhitzen, Mehl darin andünsten. 3/8 l der Gemüsebrühe angießen und Soße unter Rühren aufkochen. Paprikamark und Sahne unterrühren und mit Salz und Pfeffer abschmecken * Eine gefettete Auflaufform mit einer Lage Paprika und Champignons auslegen und mit etwas Soße begießen. Danach jeweils eine Lage Wirsing und Kartoffeln, eine Lage Paprika und Champignons und zum Schluß eine Lage Wirsing und Kartoffeln einschichten. Jeweils mit etwas Soße begießen * Käse darüberstreuen und die Form in den kalten Backofen setzen.
Einsetzen: unten.
Temperatur: 200 °C / Stufe 3 bis 4 / 35 bis 40 Minuten, 5 Minuten 0.

AUFLÄUFE

Schinken-Nudel-Auflauf

1 l Wasser,
1 TL Salz,
1 TL Öl,
250 g Bandnudeln *
200 g gekochter Schinken,
65 g geriebener Goudakäse *
1/8 l Milch,
2 Eier,
125 g süße Sahne,
Salz,
Pfeffer,
Muskat *
Paniermehl,
60 g geriebener Goudakäse,
Butter

Wasser mit Salz und Öl ankochen, Nudeln hineingeben, umrühren und etwa 15 Minuten quellen lassen * Die Hälfte der Nudeln in eine gefettete Auflaufform geben. Schinken in Würfel schneiden und mit Käse auf die Nudeln geben, mit restlichen Nudeln abdecken * Milch mit Eiern, Sahne, Salz, Pfeffer und Muskat verquirlen und darübergießen * Paniermehl und Käse darüberstreuen, Butterflöckchen darauf verteilen und Form in den kalten Backofen setzen.
Einsetzen: Mitte.
Temperatur: 220 °C / Stufe 4 bis 5 / 35 bis 45 Minuten, 5 Minuten 0.

Matjesauflauf

6 Matjesfilets,
1 bis 2 Tassen Milch *
250 g Zwiebeln,
30 g Butter *
750 g Pellkartoffeln,
Pfeffer *
150 g saure Sahne,
1 Ei *
Paniermehl,
Butter *
Schnittlauch

Matjesfilets in Milch einige Stunden ziehen lassen * Zwiebeln in Ringe schneiden. Butter erhitzen, Zwiebeln darin andünsten * Kartoffeln in Scheiben, Matjes in Stücke schneiden. Kartoffeln, Zwiebeln und Matjes schichtweise in eine Auflaufform geben, Kartoffeln jeweils mit Pfeffer bestreuen, mit Kartoffeln abschließen * Sahne mit Ei verquirlen und über den Auflauf gießen * Paniermehl darüberstreuen, mit Butterflöckchen belegen und Auflauf in den kalten Backofen setzen.
Einsetzen: Mitte.
Temperatur: 200 °C / Stufe 3 bis 4 / 25 bis 30 Minuten, 5 bis 10 Minuten 0 *
Mit Schnittlauchröllchen bestreuen.

Makrelenauflauf mit Nudeln

1 l Wasser,
1 TL Salz,
1 TL Öl,
250 g Bandnudeln *
150 g geräucherter durchwachsener Speck,
2 Zwiebeln,
2 EL Öl *
1 bis 2 geräucherte Makrelen (etwa 500 g) *
125 g süße Sahne,
1/8 l Milch,
4 Eier,
Salz,
Pfeffer *
2 bis 3 EL Paniermehl,
50 g Butter *
1 Bund Schnittlauch

Wasser mit Salz und Öl ankochen, Nudeln hineingeben, umrühren und 10 bis 12 Minuten quellen lassen * Speck und Zwiebeln in Würfel schneiden. Öl erhitzen, Speck und Zwiebeln darin andünsten und mit den Nudeln vermengen * Makrelen zerpflücken * Die Hälfte der Nudel-Speck-Masse in eine gefettete Auflaufform füllen, Fisch darüber verteilen und restliche Nudelmasse darübergeben * Sahne mit Milch und Eiern verquirlen, mit Salz und Pfeffer würzen und über den Auflauf gießen * Paniermehl darübergeben, Butterflöckchen darauf verteilen und Form in den kalten Backofen setzen.
Einsetzen: unten.
Temperatur: 200 °C / Stufe 3 bis 4 / etwa 40 Minuten, 5 Minuten 0 *
Mit Schnittlauchröllchen bestreuen.

Camembert-Kartoffel-Gratin

500 g Pellkartoffeln,
2 bis 3 Äpfel,
250 g Camembert *
4 Eier,
Salz,
Pfeffer *
100 g geräucherter durchwachsener Speck *
Schnittlauch

Kartoffeln, Äpfel und Käse in Scheiben schneiden und in einer gefetteten Auflaufform fächerartig verteilen * Eier verquirlen, mit Salz und Pfeffer würzen und über die Kartoffel-Käse-Masse gießen * Speck in dünne Scheiben schneiden, darauf verteilen und Form in den kalten Backofen setzen.
Einsetzen: Mitte.
Temperatur: 220 °C / Stufe 4 bis 5 / 25 bis 30 Minuten *
Mit Schnittlauchröllchen bestreuen.

AUFLÄUFE

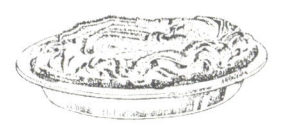

Pilzauflauf

*50 g geräucherter
durchwachsener Speck,
2 Zwiebeln,
1 Stange Porree,
600 g Champignons,
30 g Butter *
1 Fleischtomate,
1 Bund Petersilie,
Salz,
Pfeffer,
Paprika,
Thymian *
4 Eier,
Salz *
100 g geriebener Emmentaler Käse,
1 bis 2 EL Paniermehl *
Petersilie,
1 Tomate*

Speck und Zwiebeln in Würfel, Porree in Ringe, Champignons in Scheiben schneiden. Butter erhitzen, Speck darin auslassen. Zwiebeln und Porree dazugeben und andünsten. Champignons hinzufügen und dünsten * Tomate überbrühen, abziehen und in Würfel schneiden, mit gehackter Petersilie zum Gemüse geben und mit Salz, Pfeffer, Paprika und Thymian abschmecken * Gemüse in eine gefettete Auflaufform geben, vier Vertiefungen eindrücken und je ein aufgeschlagenes Ei hineingeben, mit Salz bestreuen * Auflauf mit Käse und Paniermehl bestreuen und Form in den kalten Backofen setzen.
Einsetzen: Mitte.
Temperatur: 200 °C / Stufe 3 bis 4 / 20 bis 25 Minuten, 5 Minuten 0 *
Auflauf mit Petersilie und Tomate garnieren.

Süßspeisen und Desserts

Süßspeisen und Desserts

Apfelpfannkuchen

Teig:
250 g Mehl,
4 Eier,
30 g Zucker,
1 Prise Salz,
*200 g süße Sahne ***
*4 große Äpfel ***
*3 EL Öl ***
Zucker,
Zimt

Mehl mit Eiern, Zucker, Salz und Sahne glattrühren * Äpfel schälen, Kerngehäuse entfernen und Äpfel in Scheiben schneiden * Öl erhitzen, jeweils Teig einfüllen, Apfelscheiben darauflegen und den Teig stocken lassen. Pfannkuchen wenden und kurz von der zweiten Seite backen * Die Pfannkuchen mit Zucker und Zimt bestreut servieren.

Apfelcreme

375 g Äpfel (z. B. Boskop),
*1/8 l Apfelsaft ***
*3 Blatt weiße Gelatine ***
1 Eigelb,
2 EL Zucker,
*Saft von 1/2 Zitrone ***
1 Eiweiß,
125 g süße Sahne

Äpfel schälen, in Achtel schneiden, mit Apfelsaft ankochen und 5 Minuten dünsten. Apfelmasse pürieren * Eingeweichte, ausgedrückte Gelatine im heißen Apfelpüree auflösen * Eigelb mit Zucker und Zitronensaft dickschaumig schlagen und unter die Apfelmasse rühren. Creme kühl stellen * Eiweiß und Sahne getrennt steif schlagen. Sobald die Creme anfängt fest zu werden, Eischnee und die Hälfte der Sahne unterheben. Creme in eine Schüssel füllen und kühl stellen * Vor dem Servieren mit restlicher Sahne garnieren.

Süßspeisen und Desserts

Apfelsorbet

1/8 l Wasser,
125 g Zucker *
4 säuerliche Äpfel,
Saft von 1 Zitrone *
8 EL Calvados

Wasser mit Zucker ankochen, 5 Minuten fortkochen und abkühlen lassen * Äpfel schälen, reiben oder pürieren. Zitronensaft und Zuckerlösung hinzufügen und alles verrühren. Apfelmasse mindestens 6 Stunden gefrieren lassen. Dabei mehrmals umrühren, bis die Masse cremeartig ist * Vor dem Servieren Sorbet in Gläser füllen und mit jeweils 2 EL Calvados übergießen.

Apfelcrumble

4 kleine rote Äpfel,
4 EL Zitronensaft *
100 g Marzipanrohmasse,
4 EL Butter,
4 gehäufte EL Mehl,
4 TL Zucker,
4 EL gehackte Nußkerne

Äpfel vierteln, Kerngehäuse entfernen und Äpfel in Spalten schneiden. Sofort mit Zitronensaft beträufeln * Marzipanrohmasse in Stücke schneiden und mit Butter, Mehl, Zucker und Nüssen zu Streuseln verkneten. Apfelspalten rosettenförmig in eine gefettete Auflaufform schichten und Streusel darüberstreuen. Form in den kalten Backofen setzen.
Einsetzen: Mitte.
Temperatur: 220 °C / Stufe 4 bis 5 / 20 bis 25 Minuten.

Tip: Apfelspalten zusätzlich mit Likör beträufeln.

SÜSSPEISEN UND DESSERTS

Birnengratin mit Mandeln

4 reife Birnen,
*1/4 l Zuckersirup **
50 g Butter,
100 bis 125 g Mandelblättchen,
*3 EL Zucker **
*4 Scheiben Sandkuchen **
4 Eigelb,
2 EL Zucker,
125 g süße Sahne,
*etwas Weißwein **
Puderzucker

Birnen halbieren, Kerngehäuse entfernen und Birnen im Sirup dünsten, bis sie weich sind. Birnen im Sirup abkühlen lassen * Butter erhitzen, Mandelblättchen mit Zucker darin goldgelb rösten * Kuchenscheiben in eine gefettete Auflaufform legen. Birnen abtropfen lassen, in Scheiben schneiden und fächerförmig auf dem Kuchen verteilen * Eigelb mit Zucker dickschaumig schlagen. Sahne steif schlagen und mit Wein vorsichtig unter die Eigelbcreme ziehen * Creme über die Birnen geben, Mandeln darüberstreuen und Form in den vorgeheizten Backofen setzen.
Einsetzen: Mitte.
Temperatur: 175 °C / Stufe 2 / 8 bis 10 Minuten *
Gratin mit Puderzucker bestäuben.

Birne Helene

300 ml Vanilleeis,
4 Birnenhälften aus der Dose,
8 TL Aprikosenkonfitüre,
*1 bis 2 EL Rum **
125 g süße Sahne,
100 g Schokolade,
1 Päckchen Vanillezucker,
1 bis 2 EL Rum,
1 Prise gemahlener Ingwer

Vanilleeis in gekühlte flache Glasschälchen verteilen. Birnenhälften abtropfen lassen. Konfitüre mit Rum verrühren, in die Birnenhälften füllen und Birnen mit der runden Seite nach oben auf das Vanilleeis legen * Sahne mit zerkleinerter Schokolade aufkochen, von der Kochstelle nehmen, Vanillezucker, Rum und Ingwer unterrühren. Schokoladensoße über die Birnen gießen und sofort servieren.

Sahniges Zimtdessert

7 Eigelb,
*200 g Zucker **
1/2 l Milch,
250 g süße Sahne,
*1 Vanilleschote **
500 g süße Sahne,
*1 TL Zimt **
Zum Garnieren:
steifgeschlagene süße Sahne,
Kirschen,
Zimt

Eigelb mit Zucker cremig rühren * Milch mit Sahne und aufgeschlitzter Vanilleschote aufkochen. Vanilleschote herausnehmen, Vanillemark herausschaben und wieder in die Milch geben. Nochmals aufkochen, mit der Eigelbmasse verrühren und zu einer Creme abschlagen. Masse durch ein feines Sieb geben und abkühlen lassen, dabei ab und zu umrühren * Sahne mit Zimt steif schlagen, unterheben und mindestens 5 Stunden gefrieren lassen * Zimtdessert auf eine Platte stürzen, mit Sahnetupfen und Kirschen garnieren und mit Zimt bestäuben.

Pflaumeneis

(für 6 Personen)
1 l Milch,
herausgeschabtes Mark von
*2 Vanilleschoten **
8 Eigelb,
*100 g Zucker **
200 g Backpflaumen ohne Stein,
1/4 l Rotwein,
*100 ml Armagnac **
125 g süße Sahne

Milch mit Vanillemark aufkochen * Eigelb mit Zucker cremig rühren, Milch dazugießen * Backpflaumen im Rotwein einmal aufkochen lassen. Armagnac dazugeben und abkühlen lassen * Vanille- und Pflaumenmasse zusammen pürieren. Sahne steif schlagen, vorsichtig unterheben und mindestens 6 Stunden gefrieren lassen.

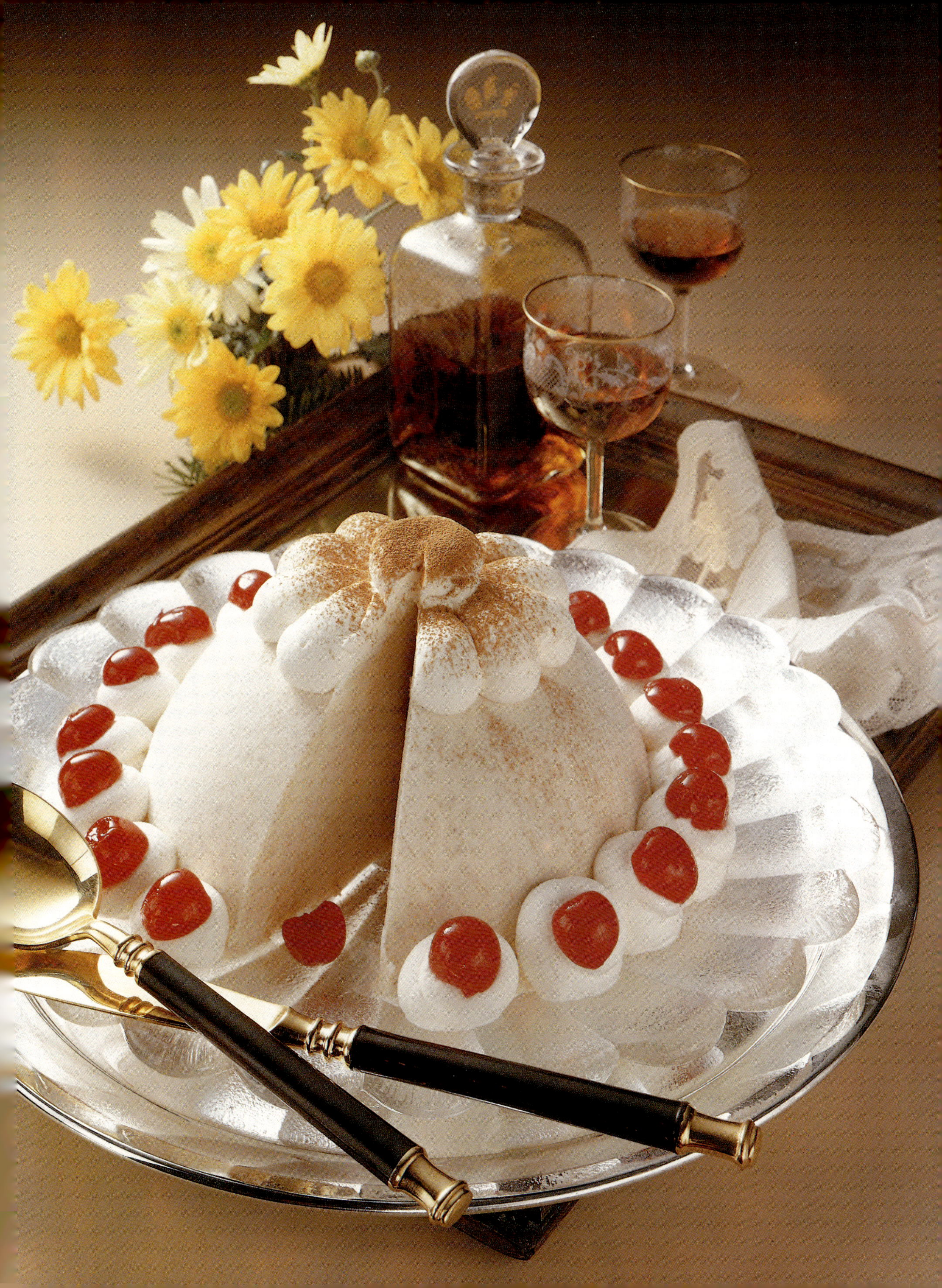

Süßspeisen und Desserts

Zwetschenknödel

*1 kg gekochte Kartoffeln,
120 g Mehl,
30 g Grieß,
Salz,
1 Ei *
24 entsteinte Zwetschen,
24 Stück Würfelzucker *
2 l Wasser,
Salz *
100 g Butter,
100 g Paniermehl,
Zucker,
Zimt*

Kartoffeln heiß durchpressen, auskühlen lassen und mit Mehl, Grieß, Salz und Ei verkneten. Zu einer Rolle formen und in 24 Scheiben schneiden * Jede Zwetsche mit einem Stück Würfelzucker füllen und mit einer Teigscheibe so umhüllen, daß ein Knödel entsteht * Wasser mit Salz in einem großen Kochtopf ankochen und Knödel hineinlegen. Wenn die Knödel hochsteigen, noch 4 bis 5 Minuten garziehen lassen. Knödel herausnehmen und abtropfen lassen * Butter erhitzen, Paniermehl darin leicht bräunen, Zucker und Zimt dazugeben und Klöße darin wenden.

Beerengrütze

*600 g gemischte Beeren
(z. B. Johannisbeeren, Himbeeren,
Blaubeeren, Erdbeeren),
1/2 l Wasser,
80 bis 100 g Zucker *
50 g Speisestärke,
1/8 l Rum *
20 g Zucker*

Von den Beeren eine Tasse voll beiseite stellen. Restliche Beeren mit Wasser und Zucker aufkochen und etwa 5 Minuten garziehen lassen * Mit angerührter Speisestärke binden, nochmals aufkochen und Rum hinzufügen * Die übrigen Beeren mit Zucker mischen und unter die Grütze heben.
Abgekühlt mit Vanillesoße oder gesüßter Schlagsahne servieren.

Tip: Süß- oder Sauerkirschen zur Beerenmischung geben.

Süßspeisen und Desserts

Reis Trauttmansdorff

1/2 l Milch,
1 Prise Salz,
1 Päckchen Vanillinzucker,
50 g Zucker,
100 g Rundkornreis *
3 Blatt weiße Gelatine *
200 g süße Sahne *
Weingelee:
1/4 l Weißwein,
Saft von 1 Zitrone,
80 g Zucker *
3 Blatt rote Gelatine *
500 g gedünstetes Obst
(z. B. Kirschen, Aprikosen, Mandarinen)

Milch mit Salz, Vanillinzucker und Zucker ankochen, Reis unter Rühren einstreuen und etwa 30 Minuten quellen lassen * Eingeweichte, ausgedrückte weiße Gelatine im heißen Reisbrei auflösen und kühl stellen * Sahne steif schlagen und unter den abgekühlten Reisbrei heben * Für das Weingelee Wein mit Zitronensaft und Zucker erhitzen * Eingeweichte, ausgedrückte rote Gelatine im heißen Weinsud auflösen. Gelee in eine kalt ausgespülte Form gießen und steif werden lassen * Abwechselnd Reis und abgetropftes Obst in die Form füllen. Speise kühl stellen, bis sie steif ist. Vor dem Servieren auf eine Platte stürzen.

SÜSSSPEISEN UND DESSERTS

Pfirsich-Himbeer-Dessert mit Mandelsahne

2 EL Zucker,
1/8 l Portwein *
1 Zimtstange,
2 Nelken *
2 Pfirsiche *
1 EL Butter,
40 g Mandelstifte *
200 g frische oder TK-Himbeeren,
1 Päckchen Vanillezucker *
125 g süße Sahne,
1/2 Päckchen Vanillezucker

Zucker unter ständigem Rühren karamelisieren. Vorsichtig mit Portwein ablöschen * Zimtstange und Nelken hinzufügen und fortkochen, bis der Zucker gelöst ist * Pfirsichhälften mit der Schnittfläche nach unten in den Karamelsud legen und etwa 10 Minuten garziehen lassen. Herausnehmen und abkühlen lassen * Butter erhitzen, Mandeln darin goldgelb rösten und abkühlen lassen * Himbeeren mit Vanillezucker bestreuen und etwas ziehen lassen * Sahne steif schlagen, mit Vanillezucker abschmecken und Mandeln unterheben * Pfirsiche mit der Schnittfläche nach oben in Glasschälchen anrichten, Portweinsoße darübergeben. Mit Himbeeren füllen und mit Mandelsahne garnieren.

Erdbeer-Quark-Auflauf

Streusel:
50 g kalte Butter,
50 g Zucker,
1 Päckchen Vanillinzucker,
abgeriebene Schale von 1/2 Zitrone,
100 g Mehl *
Quarkmasse:
50 g Butter,
80 g Zucker,
1 Päckchen Vanillinzucker,
500 g Magerquark,
abgeriebene Schale von 1/2 Zitrone,
20 g Grieß,
1 Päckchen Vanille-Puddingpulver *
4 Eiweiß *
300 g Erdbeeren

Für die Streusel die angegebenen Zutaten verkneten. Den Boden einer gefetteten Auflaufform mit der Hälfte der Streusel belegen * Für die Quarkmasse Butter mit Zucker und Vanillinzucker schaumig rühren, Quark, Zitronenschale, Grieß und Puddingpulver hinzufügen und verrühren * Eiweiß steif schlagen und unterheben * Erdbeeren kleinschneiden, vorsichtig mit der Quarkmasse mischen und in die Auflaufform geben. Restliche Streusel gleichmäßig darüber verteilen und Form in den kalten Backofen setzen.
Einsetzen: Mitte.
Temperatur: 200 °C / Stufe 3 bis 4 / 45 bis 55 Minuten.

Süßspeisen und Desserts

Kirschenplotzer

*1 Glas Sauerkirschen
(Abtropfgewicht etwa 370 g) *
150 g Vollmilchschokolade,
100 g Mandeln,
200 g Zwieback *
4 Eiweiß,
50 g Zucker *
100 g Butter oder Margarine,
75 g Zucker,
4 Eigelb,
1 TL Zimt,
1/2 TL Kardamom,
1 Messerspitze Muskat,
4 EL Kirschwasser*

Sauerkirschen abtropfen lassen * Schokolade und Mandeln reiben, Zwieback zerbröseln * Eiweiß steif schlagen, zum Schluß den Zucker unterheben * Butter oder Margarine mit Zucker und Eigelb cremig rühren. Mit Zimt, Kardamom, Muskat, Kirschwasser, Schokolade, Mandeln und Zwieback vermengen und Kirschen hinzufügen. Zum Schluß Eischnee locker unterheben. Teig in eine gefettete Springform von 26 cm Durchmesser füllen und in den kalten Backofen setzen.
Einsetzen: unten.
Temperatur: 180 °C / Stufe 2 bis 3 / 50 bis 60 Minuten, 10 Minuten 0.

Tip: Kirschenplotzer lauwarm mit leicht gesüßter Schlagsahne servieren.

Vanille-Quarkcreme

*1 Päckchen Vanille-Puddingpulver,
1/2 l Milch,
50 g Zucker *
250 g Magerquark,
50 g Zucker,
1 Päckchen Vanillinzucker,
1 Dose Mandarinen
(Abtropfgewicht etwa 175 g)*

Puddingpulver mit 6 EL Milch anrühren. Restliche Milch mit Zucker ankochen, mit angerührtem Puddingpulver binden und abkühlen lassen * Quark mit Zucker, Vanillinzucker und Mandarinensaft glattrühren und löffelweise unterheben. Mandarinen abtropfen lassen, in Gläser oder Schalen verteilen und die Creme darübergießen.

SÜSSPEISEN UND DESSERTS

Kaffeecreme

Foto

500 g Frischkäse,
4 Eigelb,
4 bis 5 EL Zucker,
1 EL Instant-Kaffeepulver,
2 EL Weinbrand ★
Schokoladenraspel,
Maraschino-Cocktailkirschen

Frischkäse mit Eigelb und Zucker glattrühren. Kaffeepulver und Weinbrand unterrühren. Masse in einen Spritzbeutel mit Sterntülle füllen und in Gläser oder Schalen spritzen ★ Creme mit Schokoladenraspeln und Cocktailkirschen garnieren.

Englische Creme

500 g Stachelbeeren,
4 EL Wasser,
200 g Zucker ★
250 g süße Sahne

Stachelbeeren mit Wasser und Zucker ankochen und zu Mus fortkochen ★ Masse passieren, mit Zucker abschmecken und kühl stellen ★ Von der Sahne etwas zum Garnieren beiseite stellen. Restliche Sahne steif schlagen, Stachelbeermasse unterziehen und mit Sahnetupfen garnieren.

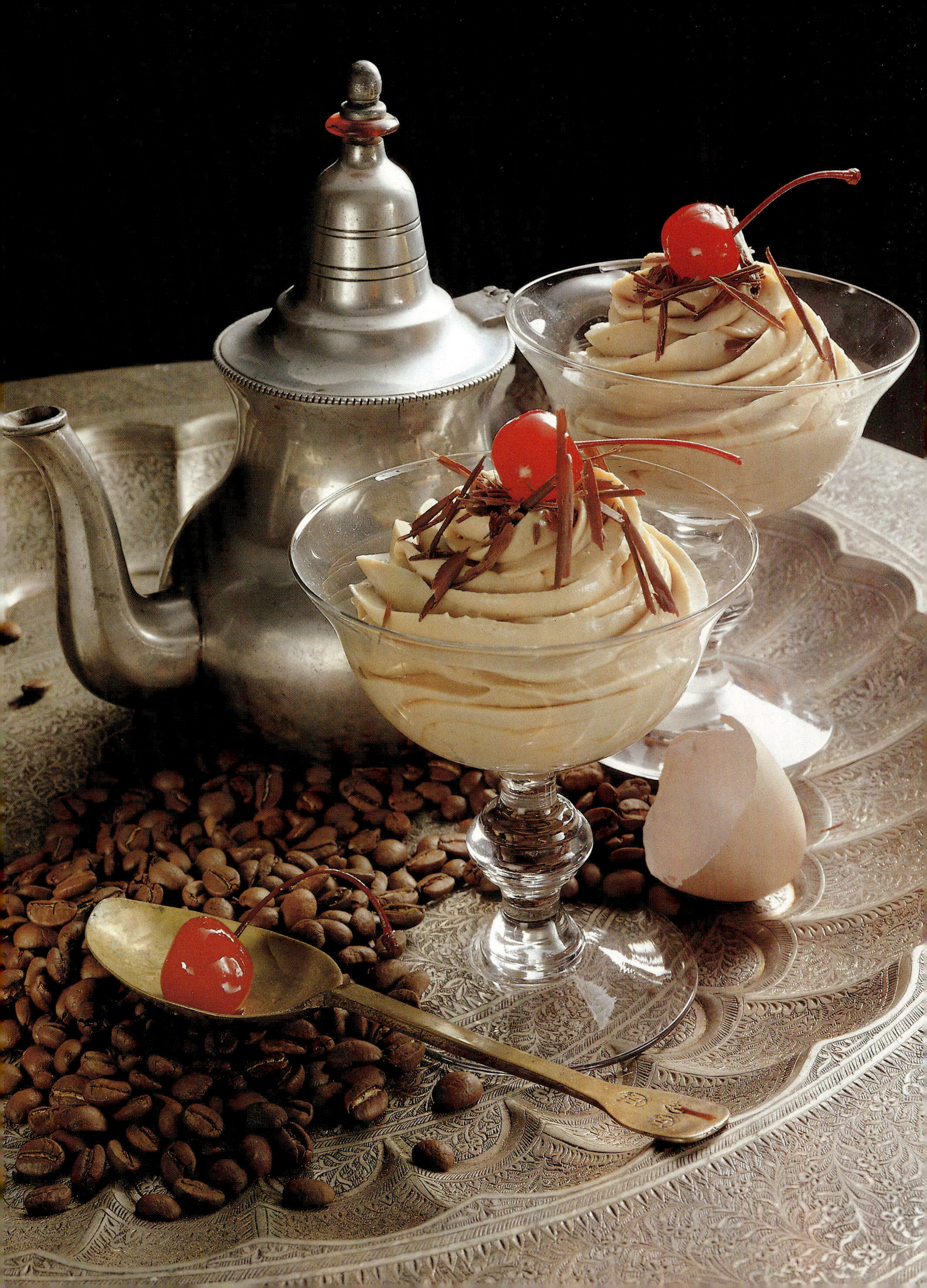

Süßspeisen und Desserts

Schokoladencreme

200 g Zartbitterschokolade,
4 EL süße Sahne,
*2 bis 3 EL weiche Butter ***
4 Eigelb,
*80 g Zucker ***
*2 EL Weinbrand ***
4 Eiweiß,
*20 g Zucker ***
100 g süße Sahne,
200 g Vollmilchkuvertüre

Schokolade in Stücke brechen und mit Sahne und Butter schmelzen * Eigelb mit Zucker im heißen Wasserbad unter ständigem Rühren abschlagen, bis der Zucker gelöst ist * Geschmolzene Schokolade nach und nach unterrühren, Weinbrand hinzufügen * Eiweiß mit Zucker steif schlagen und unter die Schokoladenmasse ziehen. Creme in Glasschälchen füllen und kühl stellen * Sahne steif schlagen. Creme mit Sahnetupfen und gehobelter Kuvertüre garnieren.

Haselnußcreme

75 g gemahlene Haselnußkerne,
*2 EL Zucker ***
1 Päckchen Vanille-Soßenpulver,
*1/4 l Milch ***
*4 Blatt weiße Gelatine ***
2 Eier,
2 EL Zucker,
2 EL Weinbrand

Haselnüsse mit Zucker in einem Kochtopf hellbraun rösten. 1 bis 2 EL zum Garnieren herausnehmen * Soßenpulver mit etwas Milch anrühren, restliche Milch zu den Nüssen geben, aufkochen und mit angerührtem Soßenpulver binden * Eingeweichte, ausgedrückte Gelatine in der heißen Nußmasse auflösen. Speise abkühlen lassen * Eier, Zucker und Weinbrand dickschaumig schlagen und unter die Nußcreme heben. In eine Schüssel füllen und kühl stellen * Mit den gerösteten Haselnüssen garnieren.

Süßspeisen und Desserts

Pfälzer Eierkraut

150 g Mehl,
1/4 l Milch,
2 Eier,
1 1/2 EL süße Sahne,
1 EL Zucker,
*1 Prise Salz ***
*Öl ***
3 bis 4 EL Fruchtaufstrich
*(z. B. Aprikose) ***
1 Ei,
125 g süße Sahne,
1/2 TL Zimt,
*1 1/2 EL Zucker ***
Gehackte Mandeln

Mehl mit Milch, Eiern, Sahne, Zucker und Salz verrühren und den Teig 30 Minuten quellen lassen * Öl erhitzen und aus dem Teig dünne Pfannkuchen backen * Jeden Pfannkuchen dünn mit Fruchtaufstrich bestreichen, aufrollen und in 3 cm dicke Scheiben schneiden. Die Scheiben nebeneinander aufrecht in eine gefettete Auflaufform setzen * Ei mit Sahne, Zimt und Zucker verquirlen und über die Pfannkuchen gießen * Mit Mandeln bestreuen und Form in den kalten Backofen setzen.
Einsetzen: Mitte.
Temperatur: 200 °C / Stufe 3 bis 4 / 20 bis 25 Minuten, 5 Minuten 0.
Dazu Vanillesoße oder halbfest geschlagene Sahne reichen.

Orangen-Grieß-Dessert

1/2 l Orangensaft
(von 4 bis 5 Orangen),
Saft von 1 Zitrone,
75 g Zucker,
*80 g Grieß ***
1 Orange,
125 g süße Sahne,
Schokoladenraspel

Orangen- und Zitronensaft mit Zucker aufkochen. Grieß einstreuen und etwa 15 Minuten quellen lassen. Masse abkühlen lassen * Orange wie einen Apfel schälen – die weiße Haut muß entfernt sein – und in Würfel schneiden. Sahne steif schlagen. Orangengrieß schaumig rühren, Sahne und Orangenwürfel unterheben. Dessert in Gläser füllen und mit Schokoladenraspeln garnieren.

Süßes und pikantes Gebäck

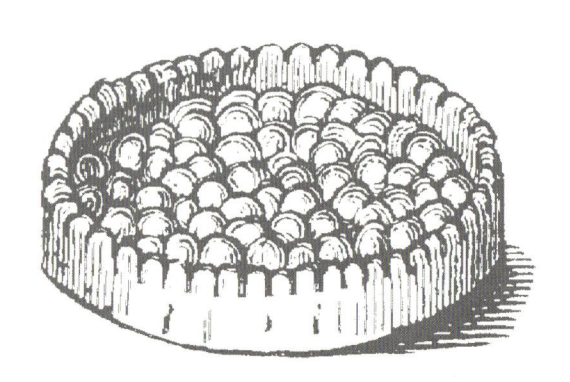

Süßes und pikantes Gebäck

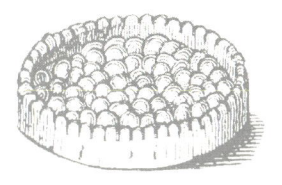

Quittentorte

Teig:
250 g Butter oder Margarine,
250 g Zucker,
5 Eier,
250 g Mehl,
*1 gestrichener TL Backpulver ***
*500 g Quittenmus ***
125 g Puderzucker,
1 EL Rum,
1 EL Wasser

Aus den angegebenen Zutaten einen Rührteig bereiten. Teig in vier Teile teilen. 1/4 des Teigs in eine am Boden gefettete Springform füllen, glattstreichen und Form in den vorgeheizten Backofen setzen.
Einsetzen: Mitte.
Temperatur: 220 °C / Stufe 4 bis 5 / 12 bis 15 Minuten.
Drei weitere Böden ebenso backen * Böden auskühlen lassen. Auf drei Böden Quittenmus streichen, aufeinandersetzen und den vierten Boden darauflegen * Puderzucker mit Rum und Wasser verrühren und den Kuchen damit bestreichen. Quittentorte 1 bis 2 Tage durchziehen lassen.

Gedeckte Apfeltorte

Teig:
300 g Mehl,
1/2 Päckchen Backpulver,
100 g Zucker,
200 g Butter oder Margarine,
1 Ei,
Zitronenaroma,
*Zimt ***
50 g Rosinen oder Korinthen,
*2 EL Rum ***
1,2 kg Äpfel,
Zitronensaft,
150 g Zucker,
*Zimt ***
1 Eigelb,
*1 bis 2 EL Milch ***
Puderzucker,
süße Sahne

Aus den angegebenen Zutaten einen Knetteig bereiten. 2/3 des Teigs auf einer bemehlten Arbeitsfläche ausrollen und eine gefettete Springform von 26 cm Durchmesser damit auslegen. Teig mehrmals mit einer Gabel einstechen und Form in den kalten Backofen setzen.
Einsetzen: unten.
Temperatur: 200 °C / Stufe 3 bis 4 / 20 bis 25 Minuten * Rosinen im Rum quellen lassen * Äpfel schälen, Kerngehäuse entfernen und Äpfel in dünne Spalten schneiden. Äpfel sofort mit Zitronensaft, Zucker und Zimt vermengen. Rosinen dazugeben und alles auf dem Tortenboden verteilen * Restlichen Teig ausrollen, in 1 cm breite Streifen schneiden und gitterförmig über die Äpfel legen. Eigelb mit Milch verquirlen, Teigstreifen damit bestreichen und Form wieder in den Backofen setzen. Bei gleicher Temperatur weitere 30 bis 35 Minuten backen, 5 bis 10 Minuten 0 * Torte mit Puderzucker bestäuben und mit Schlagsahne servieren.

Süßes und pikantes Gebäck

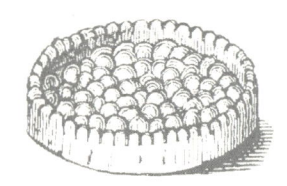

Stachelbeertorte

Teig:
200 g Mehl,
100 g Zucker,
1 Päckchen Vanillinzucker,
1/2 TL Backpulver,
100 g Butter oder Margarine,
4 Eigelb *
4 Eiweiß,
200 g Zucker,
60 g Mandelblättchen *
1 Glas Stachelbeeren
(Abtropfgewicht etwa 390 g),
1 Päckchen klarer Tortenguß,
250 g süße Sahne

Aus den angegebenen Zutaten einen Rührteig bereiten. Teig auf zwei gefettete Springformböden verteilen * Eiweiß mit Zucker steif schlagen, Masse auf beide Teigböden verteilen und Mandelblättchen darüberstreuen. Formen in den kalten Backofen setzen.
Einsetzen: unten.
Temperatur: 200 °C / Stufe 3 bis 4 / 20 bis 25 Minuten, 5 bis 10 Minuten 0 *
Stachelbeeren abtropfen lassen, dabei 1/4 l Saft auffangen. Tortenguß mit Stachelbeersaft nach Anweisung zubereiten. Sahne steif schlagen, unter den abgekühlten Tortenguß heben und die Masse auf einen Tortenboden streichen. Stachelbeeren darauflegen und den zweiten Tortenboden daraufsetzen.

Friesische Pflaumentorte

Teig:
275 g Mehl,
1 Messerspitze Backpulver,
2 Päckchen Vanillinzucker,
150 g saure Sahne,
175 g Butter oder Margarine *
150 g Mehl,
75 g Zucker,
1 Päckchen Vanillinzucker,
1 Messerspitze Zimt,
100 g Butter oder Margarine *
500 g süße Sahne,
1 EL Zucker,
2 Päckchen Sahnefestiger,
1 Päckchen Vanillinzucker *
450 g Pflaumenmus *
Puderzucker

Aus den angegebenen Zutaten einen Knetteig bereiten und in vier gleich große Stücke teilen. 1/4 des Teigs in einer am Boden gefetteten Springform ausrollen und mit einer Gabel mehrmals einstechen * Mehl mit Zucker, Vanillinzucker, Zimt und Butter oder Margarine zu Streuseln verkneten. 1/4 der Streuselmasse gleichmäßig auf den Teigboden streuen und Form in den kalten Backofen setzen.
Einsetzen: Mitte.
Temperatur: 220 °C / Stufe 4 bis 5 / 20 bis 25 Minuten. Boden sofort vom Blech lösen und auskühlen lassen. Drei weitere Böden ebenso backen, jedoch nur 15 bis 18 Minuten. Einen Boden in 12 Tortenstücke schneiden * Sahne mit Zucker, Sahnefestiger und Vanillinzucker steif schlagen * Böden mit Pflaumenmus bestreichen, Sahne daraufspritzen und zu einer Torte zusammensetzen * Tortenstücke auflegen und mit Puderzucker bestäuben.

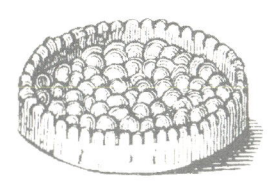

Festliche Schokoladentorte

Teig:
50 g Mehl,
50 g Speisestärke,
2 gestrichene TL Backpulver,
100 g Zucker,
1 Päckchen Vanillinzucker,
100 g Butter oder Margarine,
75 g gemahlene Mandeln,
100 g geriebene bittere Schokolade,
4 Eier *
3 Eigelb,
125 g Zucker,
Saft von 1 Orange,
etwas Orangenschalenaroma,
2 bis 3 EL Rum,
5 Blatt weiße Gelatine *
250 g süße Sahne *
75 g bittere Schokolade *
250 g süße Sahne,
1 EL Zucker,
Schokoladenraspel

Aus den angegebenen Zutaten einen Rührteig bereiten und in eine gefettete Springform geben. Form in den kalten Backofen setzen.
Einsetzen: unten.
Temperatur: 175 °C / Stufe 2 / 30 bis 40 Minuten, 10 Minuten 0 *
Eigelb mit Zucker, Orangensaft und Aroma in einen hohen Kochtopf geben und bei geringer Wärmezufuhr zu einer Creme abschlagen. Mit Rum abschmecken. Gelatine nach Anweisung einweichen und in der heißen Creme auflösen. Creme kühl stellen * Sahne steif schlagen. Sobald die Creme anfängt fest zu werden, Sahne unterheben. Den Tortenboden in zwei Platten teilen, eine auf eine Tortenplatte legen und den Springformrand darumstellen. Die Hälfte der Orangencreme daraufüllen und die zweite Platte darauflegen * Schokolade schmelzen, unter die restliche Creme ziehen, auf der Torte verstreichen und diese 2 bis 3 Stunden im Kühlschrank erstarren lassen * Sahne mit Zucker steif schlagen. Den Formenrand lösen und den Tortenrand mit Sahne bestreichen. Torte mit Sahnetupfen und Schokoladenraspeln garnieren.

Süßes und pikantes Gebäck

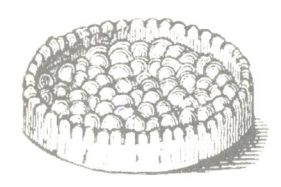

Feiner Obstkuchen

Foto

Teig:
150 g Mehl,
50 g Zucker,
100 g Butter oder Margarine *
1/4 l Milch,
1 Päckchen Vanille-Soßenpulver,
1 EL Zucker *
1 Pfirsichhälfte aus der Dose,
einige rote Johannisbeeren,
3 Kiwis,
500 g Erdbeeren *
1 Päckchen klarer Tortenguß *
100 g geröstete Mandelblättchen *
250 g süße Sahne,
1 Päckchen Vanillinzucker,
1 EL gehackte Pistazienkerne

Aus den angegebenen Zutaten einen Knetteig bereiten und etwa 30 Minuten kühl stellen * Die Hälfte des Teigs in einer am Boden mit Backpapier ausgelegten Springform ausrollen und Form in den vorgeheizten Backofen setzen.
Einsetzen: Mitte.
Temperatur: 200 °C / Stufe 3 bis 4 / 8 bis 12 Minuten.
Den zweiten Boden ebenso backen und beide Böden abkühlen lassen * Aus Milch, Soßenpulver und Zucker einen Flammeri bereiten, die Hälfte davon auf einen Tortenboden streichen, den zweiten Boden darauflegen, ebenfalls mit Flammeri bestreichen und abkühlen lassen * Die Pfirsichhälfte auf die Mitte der Torte geben, Johannisbeeren, Kiwischeiben und eventuell halbierte Erdbeeren ringförmig darumlegen * Tortenguß nach Anweisung zubereiten und die Früchte damit überziehen * Den Tortenrand mit Mandelblättchen bestreuen * Sahne mit Vanillinzucker steif schlagen, Sahnerosetten auf die Torte spritzen und diese mit Pistazien garnieren.

Tiroler Nußkuchen

Teig:
250 g gemahlene Haselnußkerne,
125 g Mehl,
2 TL Backpulver,
200 g Zucker,
125 g Butter oder Margarine,
4 Eigelb,
4 EL Milch *
100 g Nougat,
4 Eiweiß *
Puderzucker

Aus den angegebenen Zutaten einen Rührteig bereiten * Gekühlten Nougat in kleine Würfel schneiden und dazugeben. Eiweiß steif schlagen und unterheben. Teig in eine gefettete Kastenform füllen und in den kalten Backofen setzen.
Einsetzen: unten.
Temperatur: 180 °C / Stufe 2 bis 3 / 50 bis 60 Minuten * Kuchen in der Form auskühlen lassen. Vor dem Servieren mit Puderzucker bestäuben.

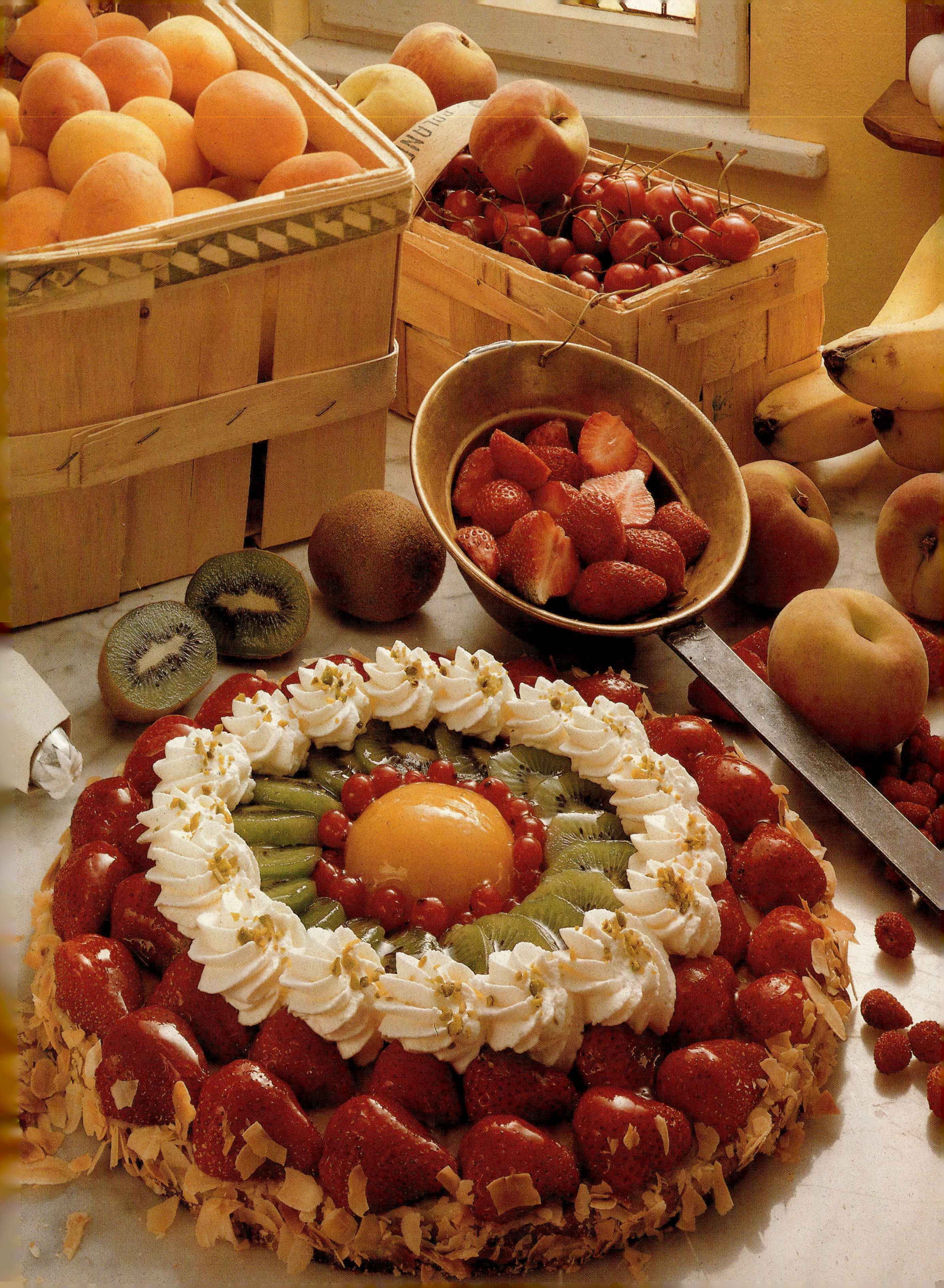

Süßes und pikantes Gebäck

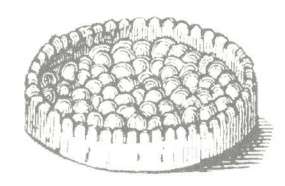

Spanische Vanilletorte

Teig:
6 Eiweiß,
50 g Zucker,
250 g Marzipanrohmasse,
100 g Zucker,
herausgeschabtes Mark
von 1 Vanilleschote,
1 Ei,
6 Eigelb,
150 g Mehl,
100 g Butter *
80 g bittere Schokolade *
150 g bittere Schokoladenkuvertüre,
50 g Marzipanrohmasse,
Puderzucker

Eiweiß steif schlagen, Zucker unter ständigem Schlagen einrieseln lassen. Marzipanrohmasse mit Zucker, Vanillemark, Ei und Eigelb schaumig rühren. Eischnee unterheben, Mehl dazugeben und mit zerlassener Butter unterrühren * Die Hälfte des Teigs in eine am Boden mit Backpapier ausgelegte Springform füllen, geriebene Schokolade daraufstreuen und den restlichen Teig darüberstreichen. Form in den kalten Backofen setzen.
Einsetzen: unten.
Temperatur: 200 °C / Stufe 3 bis 4 / 50 bis 55 Minuten * Kuvertüre schmelzen und den Kuchen damit überziehen. Marzipanrohmasse mit Puderzucker verkneten, ausrollen, kleine Plätzchen ausstechen und die Tortenstücke damit verzieren.

Gewürzkuchen

Teig:
175 g Mehl,
2 TL Backpulver,
2 TL Zimt,
1 TL gemahlener Kardamom,
1 TL gemahlene Nelken,
150 g Zucker,
1 Prise Salz,
2 Stückchen kandierter Ingwer,
in feine Würfel geschnitten,
100 g Margarine,
100 g Mascarpone,
2 Eier *
Paniermehl

Aus den angegebenen Zutaten einen Rührteig bereiten * Eine gefettete Kastenform mit Paniermehl ausstreuen, den Teig einfüllen und die Form in den kalten Backofen setzen.
Einsetzen: unten.
Temperatur: 180 °C / Stufe 2 bis 3 / 45 bis 50 Minuten, 5 bis 10 Minuten 0.

Süßes und pikantes Gebäck

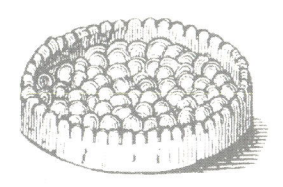

Potsdamer Königskuchen

Teig:
400 g Mehl,
2 TL Backpulver,
250 g Zucker,
abgeriebene Schale von 1 Zitrone,
250 g Butter,
4 Eier,
*4 EL Rum ***
50 g feingehacktes Zitronat,
200 g Sultaninen,
100 g Korinthen,
*200 g gehackte Mandeln ***
*Paniermehl ***
Puderzucker

Aus den angegebenen Zutaten einen Rührteig bereiten * Zitronat, Sultaninen, Korinthen und Mandeln unter den Teig rühren * Eine gefettete Kastenform mit Paniermehl ausstreuen, den Teig einfüllen und die Form in den kalten Backofen setzen.
Einsetzen: unten.
Temperatur: 175 °C / Stufe 2 / 60 bis 70 Minuten,
5 bis 10 Minuten 0 *
Kuchen mit Puderzucker bestäuben.

Sächsische Eierschecke

Teig:
40 g Hefe,
3/8 l lauwarme Milch,
100 g Zucker,
500 g Mehl,
*100 g Butter oder Margarine ***
750 g Quark,
2 Eier,
20 g Mehl,
*40 g Zucker ***
1/4 l Milch,
*1 Päckchen Vanille-Puddingpulver ***
250 g Butter oder Margarine,
200 g Zucker,
*6 Eigelb ***
6 Eiweiß

Aus den angegebenen Zutaten einen Hefeteig bereiten und gehen lassen * Teig in einer gefetteten Fettpfanne ausrollen und nochmals gehen lassen * Quark mit Eiern, Mehl und Zucker verrühren und Masse auf den Teig streichen * Milch erhitzen, angerührtes Puddingpulver einrühren, aufkochen und auskühlen lassen * Butter oder Margarine mit Zucker und Eigelb schaumig rühren, Vanillepudding dazugeben * Eiweiß steif schlagen und unterheben. Guß auf den Quark gießen und die Fettpfanne in den kalten Backofen setzen.
Einsetzen: Mitte.
Temperatur: 175 °C / Stufe 2 / 45 bis 50 Minuten.

SÜßES UND PIKANTES GEBÄCK

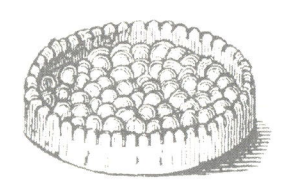

Blitzbutterkuchen

(Als Maß gilt ein Sahnebecher von 250 g)
Teig:
1 Becher süße Sahne,
1 Becher Zucker,
1 Päckchen Vanillinzucker,
4 Eier,
2 Becher Mehl,
1 Päckchen Backpulver,
*abgeriebene Schale von 1 Zitrone ***
125 g Butter,
1 Becher Zucker,
1 Päckchen Vanillinzucker,
4 EL Milch,
*200 g Mandelblättchen ***
Eventuell Rum

Sahne mit Zucker, Vanillinzucker und Eiern verrühren. Mehl, Backpulver und Zitronenschale unterrühren und den Teig auf ein gefettetes Backblech streichen. Blech in den kalten Backofen setzen.
Einsetzen: Mitte.
Temperatur: 200 °C / Stufe 3 bis 4 / 18 bis 20 Minuten * Butter mit Zucker, Vanillinzucker, Milch und Mandeln aufkochen und etwas abkühlen lassen. Masse auf den Kuchen streichen, wieder in den Backofen setzen und weitere 15 bis 20 Minuten backen * Blitzbutterkuchen nach dem Abkühlen eventuell mit Rum beträufeln.

Friesenkekse

(etwa 70 Stück)
Teig:
200 g Mehl,
75 g Zucker,
1 Päckchen Vanillezucker,
125 g Butter oder Margarine,
*1 Eigelb ***
*1 Eiweiß ***
40 g gehackte Mandeln,
40 g Hagelzucker

Aus den angegebenen Zutaten einen Knetteig bereiten und etwa 30 Minuten kühl stellen * Teig zu zwei Rollen von 3 cm Durchmesser formen und mit Eiweiß bestreichen * Mandeln mit Hagelzucker mischen, Rollen darin wälzen und nochmals 30 Minuten kühl stellen * Rollen in 1/2 cm dicke Scheiben schneiden, auf ein mit Backpapier belegtes Backblech legen und in den kalten Backofen setzen.
Einsetzen: Mitte.
Temperatur: 200 °C / Stufe 3 bis 4 / 12 bis 15 Minuten. Jedes weitere Blech nur 8 bis 10 Minuten.

Süßes und pikantes Gebäck

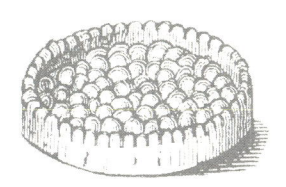

Schneckenkuchen

200 g Rosinen,
3 EL Rum *
Teig:
400 g Mehl,
80 g Butter oder Margarine,
40 g Zucker,
40 g Hefe,
1/4 l Milch *
150 g Butter oder Margarine,
40 g gehacktes Orangeat,
40 g gehacktes Zitronat,
60 g gemahlene Mandeln,
100 g Zucker,
2 TL Zimt

Rosinen im Rum einweichen * Aus den angegebenen Zutaten einen Hefeteig bereiten * Hefeteig zu einem Rechteck von 30 x 60 cm ausrollen, mit 120 g flüssiger Butter oder Margarine bestreichen und Rosinen, Orangeat, Zitronat, Mandeln, Zucker und Zimt darauf verteilen. Teig von der Längsseite her aufrollen und in 4 cm lange Stücke schneiden. Ein Teigstück in die Mitte einer gefetteten Springform setzen, die restlichen Teigstücke ringsum mit der Schnittfläche nach oben setzen. Mit restlichem Fett bestreichen und gehen lassen * Form in den kalten Backofen setzen.
Einsetzen: unten.
Temperatur: 180 °C / Stufe 2 bis 3 / 45 bis 50 Minuten, 5 bis 10 Minuten 0.

Berliner Pfannkuchen

Teig:
500 g Mehl,
30 g Hefe,
75 g Zucker,
75 g Butter,
1/4 l Milch,
1 Ei,
1 Eigelb,
Zitronenaroma,
Salz *
200 g Pflaumenmus oder
Konfitüre *
750 g Schmalz oder Öl
zum Fritieren *
Zucker oder Puderzucker oder
Zuckerguß

Aus den angegebenen Zutaten einen Hefeteig bereiten und 20 bis 30 Minuten gehen lassen * Hefeteig durchkneten, auf einer bemehlten Arbeitsfläche etwa 1 cm dick ausrollen und Scheiben von 7 cm Durchmesser ausstechen. Auf die Hälfte der Scheiben jeweils 1 TL Pflaumenmus oder Konfitüre in die Mitte geben, den Teigrand befeuchten und jeweils eine zweite Teigscheibe darauflegen. Die Ränder gut andrücken und den Teig nochmals gehen lassen * Schmalz oder Öl erhitzen. Die richtige Temperatur ist erreicht, wenn von einem eingetauchten Holzstiel kleine Bläschen aufsteigen. Pfannkuchen von beiden Seiten goldbraun fritieren * Sofort in Zucker wälzen, mit Puderzucker bestäuben oder mit Zuckerguß überziehen.

SÜßES UND PIKANTES GEBÄCK

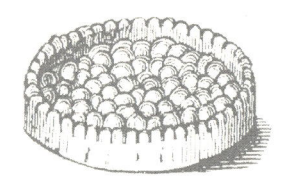

Baltische Speckbrötchen

Teig:
500 g Mehl,
150 g Butter oder Margarine,
1 TL Salz,
40 g Hefe,
1/4 l Milch *
150 g geräucherter durchwachsener Speck,
150 g Zwiebeln,
2 Gewürzgurken *
Milch

Aus den angegebenen Zutaten einen Hefeteig bereiten * Teig zu einer Rolle formen und diese in 20 Stücke schneiden * Speck, Zwiebeln und Gurken in Würfel schneiden. Speck auslassen, Zwiebeln darin andünsten, Gurken untermengen * Teigstücke flach drücken, je 1 gehäuften TL Füllung daraufgeben und den Teig über der Füllung zusammendrücken. Mit der glatten Seite nach oben auf ein gefettetes Backblech legen und 15 bis 20 Minuten gehen lassen * Brötchen mit Milch bestreichen und in den vorgeheizten Backofen setzen. Einsetzen: Mitte.
Temperatur: 220 °C / Stufe 4 bis 5 / 25 bis 30 Minuten, 5 Minuten 0.

Tilsitertaschen

Foto

300 g TK-Blätterteig,
8 Scheiben gekochter Schinken (je etwa 40 g) *
1 EL Butter,
1 EL Mehl,
3 EL Brühe,
3 bis 4 EL Milch,
2 EL süße Sahne,
Salz,
weißer Pfeffer,
Muskat *
150 g Tilsiter Käse *
2 Eigelb,
Kümmel

Angetaute Blätterteigscheiben zu Rechtecken von 18 x 10 cm ausrollen und mit je einer Schinkenscheibe belegen, Ränder frei lassen * Butter erhitzen, Mehl darin andünsten. Mit Brühe und Milch ablöschen und unter Rühren aufkochen. Sahne hinzufügen und mit Salz, Pfeffer und Muskat abschmecken * Käse in kleine Würfel schneiden und unterheben. Soße etwas abkühlen lassen und auf die Schinkenscheiben verteilen * Teigränder mit verquirltem Eigelb bestreichen, Teigplatten zu Taschen zusammenklappen und Ränder festdrücken. Auf ein mit Backpapier belegtes Backblech legen, mit Eigelb bestreichen und mit Kümmel bestreuen. 3 EL Wasser auf das Papier geben und Backblech in den vorgeheizten Backofen setzen. Einsetzen: Mitte.
Temperatur: 220 °C / Stufe 4 bis 5 / 15 bis 20 Minuten.

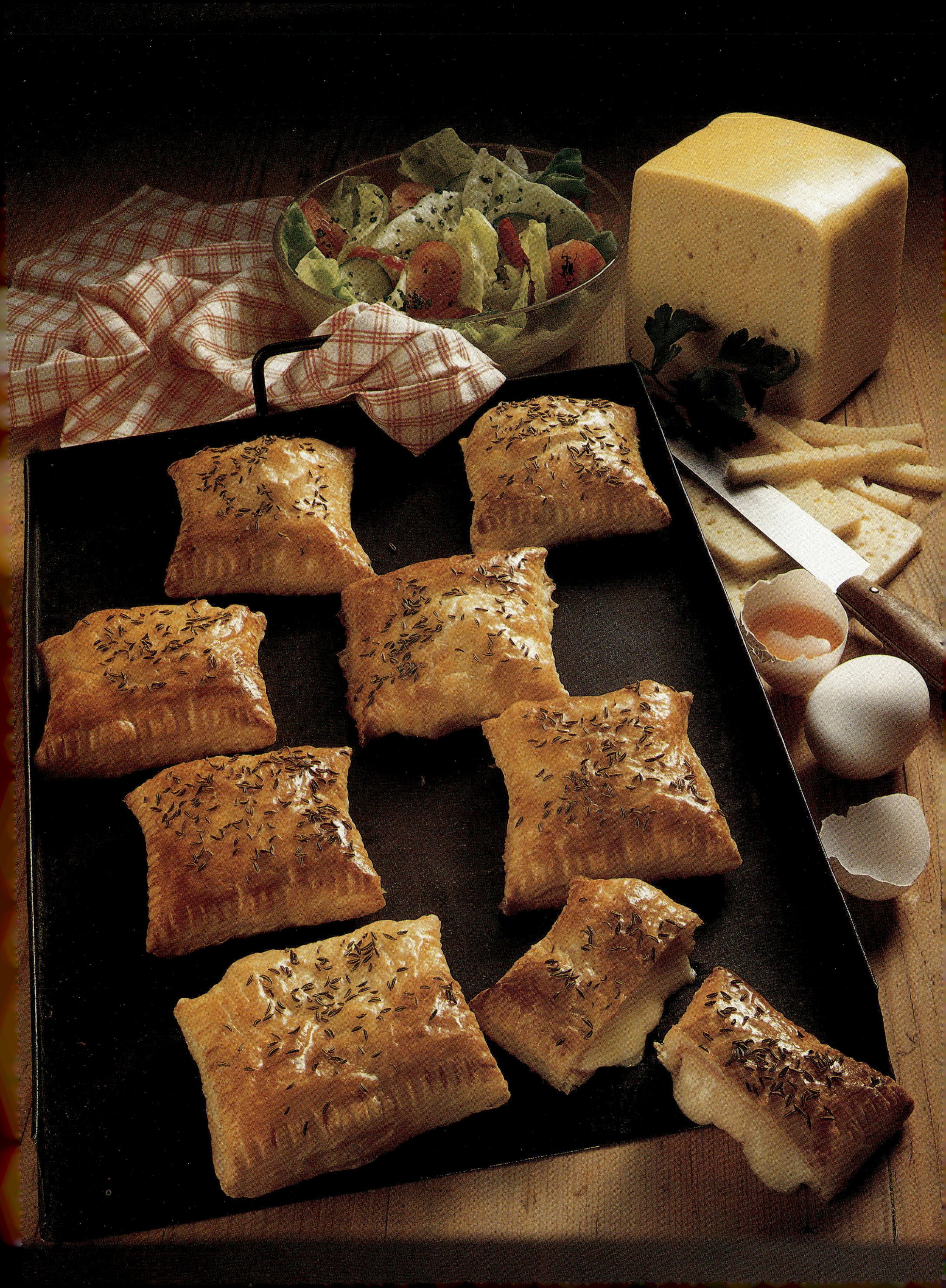

SÜSSES UND PIKANTES GEBÄCK

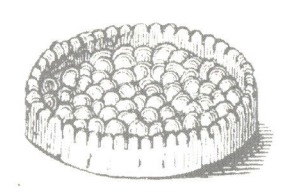

Blätterteigtaschen mit Hackfleisch

1 Tüte getrocknete Steinpilze,
1/8 l Wasser ＊
175 g Tatar,
125 g Mett,
1 Ei,
Pfeffer,
Salz ＊
1 Zwiebel,
Fett ＊
1/2 Bund Petersilie ＊
300 g TK-Blätterteig,
1 Eiweiß,
1 Eigelb

Pilze im Wasser einweichen ＊ Aus Tatar, Mett, Ei, Pfeffer und Salz einen Fleischteig bereiten ＊ Zwiebel in Würfel schneiden. Fett erhitzen, Zwiebel darin andünsten. Abgetropfte Pilze und Fleisch dazugeben und etwa 10 Minuten braten ＊ Abkühlen lassen und gehackte Petersilie dazugeben ＊ Angetaute Blätterteigscheiben zu Quadraten ausrollen. Füllung in die Mitte geben, Ränder mit Eiweiß bepinseln, Teigplatten zu Dreiecken zusammenklappen und Ränder festdrücken. Auf ein mit Backpapier belegtes Backblech legen, mehrmals mit einer Gabel einstechen und mit verdünntem Eigelb bestreichen. 3 EL Wasser auf das Papier geben und das Backblech in den vorgeheizten Backofen setzen.
Einsetzen: Mitte.
Temperatur: 220 °C / 15 bis 20 Minuten, 5 Minuten 0.

Partyschnecken

Teig:
200 g Mehl,
200 g Magerquark,
200 g Butter ＊
400 g Bratwurstmasse,
eventuell Salz,
Pfeffer

Aus Mehl, Quark und Butter einen Knetteig bereiten und mindestens 2 Stunden kühl stellen ＊ Teig halbieren und jeweils 1/2 cm dick ausrollen. Bratwurstmasse eventuell mit Salz und Pfeffer abschmecken und auf die Teigplatten verteilen, dabei einen Rand von etwa 1 cm frei lassen. Teigplatten aufrollen, in Folie wickeln und im Gefriergerät etwa 60 Minuten anfrieren lassen, damit sie besser zu schneiden sind. Rollen in 1 cm dicke Scheiben schneiden, auf ein mit Backpapier belegtes Backblech legen und in den kalten Backofen setzen.
Einsetzen: Mitte.
Temperatur: 200 °C / Stufe 3 bis 4 / 20 bis 25 Minuten.

Süßes und pikantes Gebäck

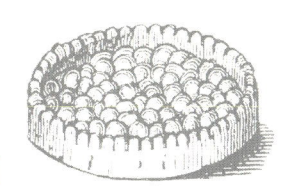

Wein-Zwiebelkuchen

Teig:
400 g Mehl,
40 g Hefe,
10 EL warmes Wasser,
10 EL Öl,
Salz,
*1 Prise Zucker ***
600 g Zwiebeln,
250 g geräucherter
durchwachsener Speck,
3 EL Öl,
2 EL Mehl,
*1/8 l Wein ***
100 g geriebener Käse,
125 g süße Sahne,
Salz,
*Pfeffer ***
2 EL Paniermehl

Aus den angegebenen Zutaten einen Hefeteig bereiten, jedoch nicht gehen lassen. Teig in einer gefetteten Fettpfanne ausrollen und einen Rand hochziehen * Zwiebeln in Ringe, Speck in Würfel schneiden. Öl erhitzen, Speck und Zwiebeln darin andünsten. Mit Mehl bestäuben, andünsten, mit Wein ablöschen und 15 Minuten schmoren * Masse etwas abkühlen lassen, mit Käse und Sahne verrühren und mit Salz und Pfeffer abschmecken * Teig mit Paniermehl bestreuen, den Belag darauf verteilen und Fettpfanne in den kalten Backofen setzen.
Einsetzen: unten.
Temperatur: 200 °C / Stufe 3 bis 4 / 35 bis 40 Minuten, 5 bis 10 Minuten 0.

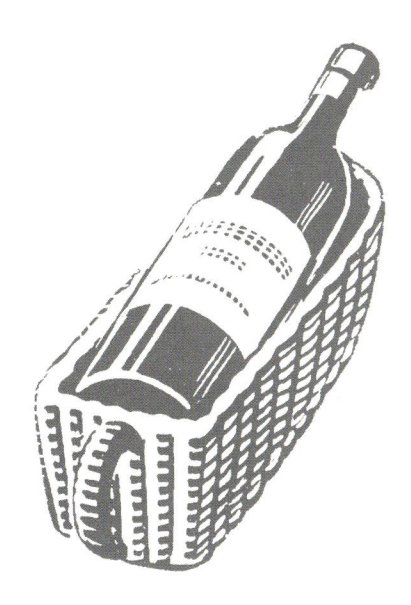

Rezepte von A bis Z

Suppen und Eintöpfe

21	Erbsensuppe
22	Fenchelsuppe mit Krabben
25	Fischeintopf
22	Frische Tomatensuppe
18	Geflügelcremesuppe
17	Gemüsesuppe mit Käseklößchen
19	Helgoländer Fischsuppe
26	Japanischer Eintopf
21	Käsesuppe mit Frühlingszwiebeln
20	Kartoffelsuppe
18	Klare Ochsenschwanzsuppe
31	Kohlrabieintopf mit Grießklößchen
26	Linseneintopf
28	Ostpreußischer Betenbartsch
24	Paprikacremesuppe
30	Provenzalischer Eintopf
24	Radieschensuppe
27	Rosenkohl-Fleisch-Eintopf
19	Rügener Aalsuppe
20	Sauerkrautsuppe
28	Westfälisches Blindhuhn
27	Wirsingeintopf

Vorspeisen

38	Chicorée in Bierteig
34	Fischcocktail
41	Förster-Ragoût-fin
34	Garnelen in Kräuterbutter
35	Geflügelleberpastete
40	Gefüllte Champignons
43	Gefüllte Papayas
36	Gefüllte Tomaten
40	Griechische Champignons
41	Käsesoufflé
33	Kleines braunes Ragout
42	Mais mit Bananen
33	Schnitzel »Hawaii«
36	Soufflé in Tomaten
37	Tomatensülze mit Basilikumcreme
42	Versteckter Mozzarella
38	Weinzwiebeln mit Salami
43	Zucchini mit Parmesan

Salate

51	Apfel-Porree-Salat
47	Blumenkohlsalat
48	Feldsalat mit Putenleber
46	Gebratener Möhrensalat mit Peperoni
47	Lauwarmer Rosenkohlsalat
50	Mexikanischer Bohnensalat
45	Nudelsalat »Rosé«
48	Römischer Salat mit Steinpilzen
51	Roter Kabeljausalat
50	Sauerkrautsalat mit Eisbein
46	Warmer Frühlingskartoffelsalat
45	Zwiebelsalat

Fleischgerichte

64	Bratwurst in Biersoße
64	Buletten
67	Bunte Hähnchenpfanne
58	Eisbein
74	Entenbrust auf Pfeffer-Sahnesoße
75	Fasan mit Portweinpflaumen

60	Feuriger Pfefferbraten
74	Gänsebraten mit Äpfeln
75	Gänseragout
77	Gebeizte Wildschweinkoteletts
71	Gefüllte Putenschnitzel
60	Gefülltes Roastbeef
65	Hackfleischklopse mit Meerrettichsoße
70	Hähnchenbrust Steglitzer Art
63	Hammelfleisch mit grünen Bohnen
72	Honig-Ente
68	Hühnerbrüstchen auf Spinat mit Käse überbacken
68	Hühnerfrikassee mit Estragon
62	Kalbsleber Berliner Art
62	Kalbsnuß in Rieslingrahm
66	Kleiner Wursttopf
73	Krosse Entenbrüste mit Kaffeesoße
63	Lammgulasch mit Nieren
59	Marinierte Rindersteaks
54	Marinierter Schweinenacken
54	Mecklenburger Rippenbraten
67	Paprikahähnchen
61	Pikant gefüllte Kalbsbrust
72	Puten-Gurken-Pfanne
71	Putenkeule in Buttermilch
76	Rehgeschnezeltes ungarische Art
59	Rouladen mit Schinken-Käse-Füllung
58	Sauerbraten sächsische Art
56	Schweinefilet Balkanart
56	Schweinefilet mit Champignon-Cognac-Soße
55	Schweinelendchen mit Rotweinsoße
53	Schweinerücken mit Johannisbeersoße
55	Schweineschnitzel in Sherrysoße
66	Thüringer Wurstpfanne
77	Wildragout

Fischgerichte

79	Bunte Lachspfanne
82	Forelle in Kräutersoße
82	Forellen mit Salbei
88	Gebratener Aal mit Mandelcreme
79	Gedünsteter Lachs
80	Gefüllte Lachsforellenfilets
84	Heilbuttkoteletts mit Safranmöhren
85	Heilbutt mit Zitronensoße
91	Imbiß »Stavanger«
87	Kabeljaufilet mit Tomaten-Mandel-Soße
88	Kabeljau in Kressesoße
89	Karpfen polnische Art
83	Knuspriger Rotbarsch
89	Kräuterheringe
80	Lachsforellensteaks mit Brokkoli
90	Pannfisch
90	Riesengarnelen in Tomatensoße
86	Schollenrouladen in Kapernsoße
91	Süß-saurer Fisch in Erdnußsoße
84	Tomaten-Fisch-Pfanne
87	Zander mit Kräuterfüllung
86	Zander mit Steinpilzen

Gemüsegerichte

93	Auberginen mit kerniger Gemüsefüllung
95	Basilikumbohnen
97	Brokkoli mit Senfsoße
96	Buntes Blumenkohlragout
98	Chinakohlgemüse mit Paprikasahne
96	Curryblumenkohl mit Fleischklößchen
102	Erbspüree

106	Frühlingsgemüse mit Curry	117	Überbackener Leberkäse
93	Gebratene Auberginen	114	Wintergratin
97	Gebratene Brokkoliröschen	116	Würstchen im Schlafrock
95	Grüne Bohnen mit Rosmarin		
98	Kohlrabigemüse mit Paprika		

Aufläufe

101	Kohlrouladen	122	Auberginenauflauf
100	Kohlrüben mit Schweinebauch	119	Bohnen-Kartoffel-Auflauf
105	Linsengemüse mit Aprikosen	126	Camembert-Kartoffel-Gratin
104	Mangold in Rahmsoße	121	Herzhafter Kartoffelauflauf
103	Minz-Erbsen	120	Kohlrabi-Kartoffel-Auflauf mit Sonnenblumenkernen
94	Möhren mit Aprikosensoße		
94	Möhren mit Nußsoße	126	Makrelenauflauf mit Nudeln
104	Sellerieschnitten mit Tomaten	125	Matjesauflauf
106	Spargel mit Basilikumsoße	127	Pilzauflauf
103	Spinat mit Joghurtsoße	121	Reis-Gemüse-Auflauf
100	Teltower Rübchen	122	Rosenkohlauflauf
105	Überbackener Fenchel	125	Schinken-Nudel-Auflauf
102	Überbackener Porree	119	»Wendisch Dobsche«
107	Zucchini mit Parmesan	124	Wirsingauflauf
107	Zucchini-Möhren-Gemüse mit Knoblauch		

Kleine Gerichte und Beilagen

Süßspeisen und Desserts

116	Bauernpfanne	129	Apfelcreme
110	Champignons mit Nußsoße	130	Apfelcrumble
110	Eierfrikassee mit Champignons	129	Apfelpfannkuchen
109	Eierragout mit Reis	130	Apfelsorbet
109	Geflügelreis mit Birnen	134	Beerengrütze
111	Gemüse-Ravioli	131	Birne Helene
115	Kartoffel-Mandel-Bällchen	131	Birnengratin mit Mandeln
114	Kartoffelpuffer	138	Englische Creme
117	Maisfladen	136	Erdbeer-Quark-Auflauf
112	Makkaroni mit Kräutern	140	Haselnußcreme
112	Pellkartoffeln mit Quark und Leinöl	138	Kaffeecreme
111	Spaghetti mit Tomaten-Thunfisch-Soße	137	Kirschenplotzer

141	Orangen-Grieß-Dessert
141	Pfälzer Eierkraut
136	Pfirsich-Himbeer-Dessert mit Mandelsahne
132	Pflaumeneis
135	Reis Trauttmansdorff
132	Sahniges Zimtdessert
140	Schokoladencreme
137	Vanille-Quarkcreme
134	Zwetschenknödel

Süßes und pikantes Gebäck

152	Baltische Speckbrötchen
151	Berliner Pfannkuchen
154	Blätterteigtaschen mit Hackfleisch
150	Blitzbutterkuchen
146	Feiner Obstkuchen
145	Festliche Schokoladentorte
150	Friesenkekse
144	Friesische Pflaumentorte
143	Gedeckte Apfeltorte
148	Gewürzkuchen
154	Partyschnecken
149	Potsdamer Königskuchen
143	Quittentorte
149	Sächsische Eierschecke
151	Schneckenkuchen
148	Spanische Vanilletorte
144	Stachelbeertorte
152	Tilsitertaschen
146	Tiroler Nußkuchen
155	Wein-Zwiebelkuchen